子どもの主体性を育む

言葉がけの作法

宗實直樹
編著

JN039350

明治図書

はじめに

2023年8月11日，私たち執筆メンバーは兵庫県但東町にある「東井義雄記念館」と東井義雄生家を訪れました。東井裕子氏におもてなしいただき，東井の書斎に足を踏み入れた瞬間，私たちは東井実践の深さ，理想の教師像を目の当たりにしました。無言で東井と子どもの日記や実践記録を読むメンバー，時折漏れるため息，これらは私たちが感じたものを物語っています。そこには，教師の言葉がけが子どもたちの主体性をどのように育むかのヒントが多くありました。

本書では，第1章で子どもの主体性の本質とその重要性を探り，第2章では言葉がけの基本理念を，そして第3章では実践的なパターンと具体例を紹介しています。子どもたちの主体性を育むためには，教師の言葉がけがいかに重要であるかを，様々な視点から解き明かしていきます。

また，本書を執筆する過程で，私たちは「言葉がけ」の本質について深く考えさせられました。教師の言葉がけは単なる技術ではなく，教師自身の「あり方」や「心もち」から生じるものです。本書タイトルにある「作法」もそのような意味を込めています。教師としての「あり方」や「心もち」がどのように言葉がけに影響を与えるかを示しました。

臼田弘蔵は，『土生が丘』[1] 第1号の冒頭で，次のように述べます。

　　子供を育てる仕事は，なんといいましても，地味な，そしてむずかしい事ではありますが誰もが念ずることは，どうすれば子供たちがしあわせになれるかということであると信じます。

1　臼田弘蔵や『土生が丘』については，第3章 p.126〜を参照。

臼田が言うように，子どもたちを幸せに導く仕事は地味で難しいものですが，根底には「子どもを幸せにしたい」という共通の願いがあります。その願いがあれば，あとにくる方法は人それぞれです。諭す言葉がけが得意な方もおられれば，強く引きつける言葉がけが得意な方もおられるでしょう。このような言葉がけをすればうまくいく，という必勝法のようなものはありません。自分自身の「観」を高め，その時その場でその子に応じた言葉をかけていくしかありません。本書では，教師としての「観」を大切にした言葉がけを意識しています。

言葉がけは，その場面だけでなく，文脈の中で感じること，受け止めること，つながり，個々の想いや願い，すべてを含んでの言葉がけです。そこにはそれぞれのエピソードがあり，そのエピソードの中で，かけられる言葉がけが重要になります。本書ではそのようなエピソードを多く紹介します。読者の皆様とまったく同じエピソードはないと思いますが，その本質的な部分を読み取っていただけると幸いです。

執筆メンバーの久後龍馬氏，木上徹也氏，髙井紳輔氏，岡佑樹氏，岡実咲氏は，目の前の子ども達の幸せを願いながら，誠実に子どもと向き合い，「観」と「技」を磨いています。日々のくらしの中で「言葉」の重要性を実感しながら教育実践を行なっています。本書が，言葉がけの真の意味を理解し，言葉がけを通じて教育実践のあり方を考えるきっかけとなることを願います。

宗實直樹

目次

第3章　子どもの主体性を育む言葉がけのパターンと実践

第**1**章

子どもの主体性と
言葉がけの重要性

1 子どもの主体性とは何か

1 「主体的」とは

　「主体性」という言葉がよく聞かれるようになりました。しかし，「主体性」という言葉自体がつかみにくく，あいまいであると言わざるを得ません。

　たとえば，辞書的には次のような意味があります。

> ### 主体
> 　自覚や意志をもち、動作・作用を他に及ぼす存在としての人間。
>
> ### 主体性
> 　自分の意志・判断によって、みずから責任をもって行動する態度や性質。
>
> ### 主体的
> 　自分の意志・判断によって行動するさま。
>
> 松村明 編 (2019)『大辞林第四版』三省堂 より

図1　「主体」について

　私自身は特別活動が初任の頃から大好きで，実践を重ねていました。その際，「自主的」と「主体的」という言葉がよく使われていました。「自主」と「主体」は図2のように記されています。その2つを比べてみました。

　「自主」は，外的な要因による影響が大きいと感じられます。「主体」は「自分の意志」「みずから責任をもって」という言葉がキーワードになります。「自分の意志」なので，自分で目的やゴールを決めて行動する様子が感じら

自主性	主体性
自分の判断で行動する態度。	**自分の意志・判断によって、みずから責任をもって行動する態度や性質。**

自主的	主体的
他人の保護や干渉を受けず、自分から進んで行動するさま。	**自分の意志・判断によって行動するさま。自主的。**

松村明 編（2019）『大辞林第四版』三省堂 をもとに宗實が作成

図2 「自主」と「主体」について

れます。自分で決めている分，責任も生じてきます。そう考えれば，自分の学びに対して自分で責任を持つというより難しさが感じられます。大切なのは，価値的判断をしながら自分の頭と心を動かせることです。

　「主体的」はよく使われる言葉ですが，「自分の意思や判断に基づいて学ぶ」と考えれば，簡単にできるものではないということを感じます。

2　学術的に見る「主体性」　3層に分けた主体的な学習スペクトラム

　溝上慎一（2018）は，図3のように3層に分けた主体的な学習スペクトラムが認められると述べます。

(1)　課題依存型の主体的学習

　「この課題に取り組むのはおもしろそう」と，課題の質やその場の雰囲気に促されて課題に働きかける状態を示します。課題に促されて「主体性」が発揮されるという意味では，まだ受動的だといえるでしょう。しかし，主体

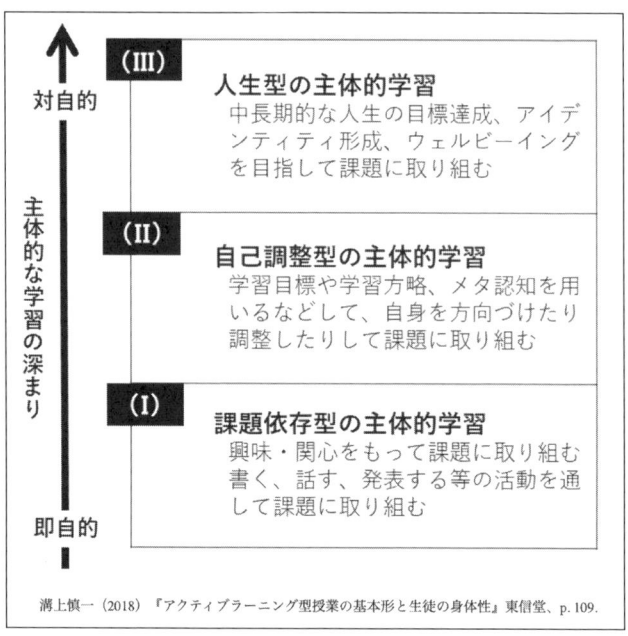

図3　主体的な学習スペクトラム，溝上（2018）

溝上慎一（2018）『アクティブラーニング型授業の基本形と生徒の身体性』東信堂，p. 109.

的な学習のすべてが主体である子ども自体から発現するわけではない，と捉えておくことは重要です。

(2)　自己調整型の主体的学習

　自分の学習目標を設定したり，自身の学習法略（「繰り返し声を出して単語を覚える」「難しい問題は後回しにして，易しい問題から解答する」）を使用したりして課題に取り組む状態です。より自分の意思で学習する姿が認められます。

(3)　人生型の主体的学習

　なぜ学ぶのか，自分はどうありたいのかなど，自分がどう生きていくのかという自己物語を学習に反映します。人生を背負っての自己，それを踏まえた課題への取り組みと考えられます。より広範囲でより大きなものと捉える

ことができます。

　(1)から(3)へと連続的に深まっていくものと考えられますが，(3)は広義すぎるので，教室で見られる学習の多くは(1)もしくは(2)にあたると考えられます。特に自分自身で学びをコントロールする姿として(2)の自己調整型の学習が注目されています。

　課題依存型の主体的学習から自己調整型の主体的学習へと移行するには，自分の意思や判断によって行動する子どもの主体性がより発揮される姿が必要です。

3　子どもの主体性と教師の働きかけ

(1)　主体的な子どもの姿とは

　誤解されがちなのが，主体性が形式的な行動や姿勢だけで判断されることです。子どもが活発に手を挙げて発言したり，自分の学習方法を選んだりする姿が主体性を示すという単純なイメージではありません。「動いている」という目に見える現象としての姿だけで判断はできないと感じています。

　主体性は「価値志向性」に根差しています。価値志向性とは，子どもが重要な価値を認識し，考えや気持ちがその方向に向かって進んでいくことを指します。つまり，子どもが目的意識を持ち，「もっと～したい」「もっと～ができるようになりたい」といった，意欲ややる気があらわれた姿です。自分がこうありたい，こう生きたいということを願い，子どもが自発的に学び自己啓発の欲求を持つ姿勢が主体性の本質です。

(2)　子どもの価値志向性を育てる

　子どもの主体性を育むためには，単に表面的な行動を引き出すだけでなく，子どもたちの価値観や志向を肯定的にサポートする働きかけが必要です。教師は形式的な働きかけに陥ることなく，子どもの価値志向性を促進するための働きかけを意識する必要があります。

主体性の鍵は，子どもたちの意欲の高まりです。子ども達が「もっと〜したい」という志向性を感じると，成就感や充実感を味わい，主体性が伸びることがあります。教師の役割は，子どもたちが難しさを克服し，成功体験や充実感を得ることをサポートすることです。それには，個々の子ども理解が必要であり，異なる努力の程度や水準に対応するために，適切な働きかけが不可欠です。子ども理解は主体性を促進するための重要な要素となります。

(3)　子どもの主体性と教師の指導性

　子どもの主体性を伸ばすには教師の指導の働きかけをできるだけ控えた方がよいという考え方や，主体性は教師の適切な指導によってこそ伸びるので積極的に指導を入れる方がよいという考え方があります。常に議論される点でもあります。どちらも正しくはありますが，限界もあります。子どもに任せて目に見える現象としての姿を追うだけでは子どもの主体性を伸ばすことにはなりません。自分で進んで学習するように教師が強く働きかけるだけが子どもの主体性を伸ばすことにはなりません。

　高久清吉（1970）は，次のように述べます。

　　自分から進んで，自分だけでという学習の現象形態をとらせたからといって，これが学習における子どもの価値志向性を育てるとは限らないとするなら，活動形態の現象にこだわって，本質へと向けられた積極的な指導性までもぼやかすのは本末の転倒である。

　教師としての指導性は発揮させるべきであり，その教師の指導としての働きかけの1つが，子どもへの言葉がけだと考えられます。

　子どもを見守る言葉がけ，支える言葉がけ，引き上げる言葉がけなど，さまざまな言葉がけが考えられます。前述した通り，目に見える現象を引き出すかではなく，子どもの価値志向を育むことができるかという視点を持つことが重要です。

（宗實　直樹）

2 子どもの主体性を育む教育の意義

1 子どもの主体性を育む教育の重要性

　主体的に学ぶ子どもたちは，将来的にさまざまな利点を享受することができます。例えば，自己評価が高まり，自己信頼心を持つようになります。主体性を持つ子どもたちは問題解決能力や創造性が発展し，リーダーシップの資質を育むことがあります。さらに，価値志向性を持つ子どもたちは，自分の目標や夢に向かって努力し，充実感を味わうことができるでしょう。例えば，個人的な自己成長や社会的な成功において以下のような例が考えられます。

(1) 自己効力感の向上
　主体的に行動する経験は，子どもたちの自己効力感を高めます。これにより，子どもたちは自分の能力に自信を持ち，困難に立ち向かう準備ができます。

(2) 積極的な学び
　主体性を持つ子どもたちは，学習に積極的に取り組みます。子どもたちは自分の興味や好奇心に従い，自主的な学習行動を起こすことがあります。これが，知識やスキルの獲得につながります。

(3) 問題解決力の発展
　主体的なアプローチを取ることで，子どもたちは問題を発見し，解決する

スキルを磨きます。これは現実の課題に対処するために不可欠な能力であり，これから大きな変化を迎える未来に向けて発揮される能力です。

2 主体性を育む教育がスキルや資質の発展に与える影響

　主体性を育む教育が，多くのスキルや資質の発展に寄与します。以下に主なポイントを示します。

(1) 自己評価
　主体性を持つ子どもたちは，自分の強みと弱みを理解し，自己評価を行う能力を高めます。これは自己認識と自己受容の向上につながります。

(2) 問題解決能力
　主体的な学習は問題解決のスキルを養います。子どもたちは課題に対して創造的なアプローチを模索し，問題解決力を向上させます。

(3) 創造性
　自発的な学習と主体的な行動は，創造性を刺激します。子どもたちは新しいアイデアやアプローチを発展させ，創造性を発揮する機会を持ちます。

(4) リーダーシップ
　主体的な子どもたちは，自分自身を振り返り，他の人々を支援し，リーダーシップの資質を発展させることがあります。自己指導能力も高まります。

3 教育制度やカリキュラムにおける主体性の重要性

　教育制度やカリキュラムにおいても，主体性は重要な要素です。学校は子どもたちの主体性を促進し，子どもたちが自分の学びに責任を持つ環境を提

供する役割を果たすべきです。教師は，子どもたちに対して価値志向性を育む言葉がけを意識的に行い，彼らの内発的な動機を促進する必要があります。以下の観点から主体性の重要性と学校の役割について考察します。

(1) 個別化された学習

学校は，子どもの興味や学習スタイルに合わせた個別化された学習機会を提供する必要があります。これにより，子どもが主体性を発揮しやすくなります。

(2) 教師の役割

教師は子どもを支援し，励まし，質問を促し，主体的な学習をサポートする役割を果たします。学校は教師の研修やサポートを充実させる必要があります。

(3) 評価と評価基準

教育制度は主体的な学習を評価し，評価基準を柔軟に設定する必要があります。単なる記憶力や試験のスキルだけでなく，主体性を含む多面的な見取りや評価を行うことが重要です。

子どもの主体性を育むことは，単に外部からの指導や形式的な行動を奨励することではなく，子どもたちの内面にある価値観や志向を尊重し，その方向に向かって進むことを支援することです。価値志向性を育む言葉がけや指導の一環として，教師の役割は非常に重要であり，これによって子どもたちはより主体的に学び，成長することができるでしょう。

（宗實　直樹）

3 言葉がけが主体性に与える影響

　言葉がけは，子どもの主体性に直接的な影響を与える重要な要素です。教師がどのように言葉を選び，子どもたちに対してコミュニケーションをとるかによって，子どもたちの主体性が形成されたり，促進されたりします。以下に，言葉がけが主体性に与える影響について詳しく説明します。

1 教師の言葉が子どもの主体性に与える影響

(1) 自己評価と自己信頼心を高める

　言葉がけには，子どもたちの自己評価や自己信頼心に大きな影響を与える力があります。教師が子どもたちに対して肯定的な言葉を使い，子どもの成果や努力を称賛すると，子どもたちは自己評価が向上し，自分の能力を高く評価するようになります。これによって，子どもたちは自己効力感を持ち，主体的に学習や活動に取り組む意欲が高まります。肯定的な言葉がけは，子どもたちの主体性を育む上で非常に重要です。

(2) 考える習慣を促進する

　質問や対話を通じて，子どもたちは自分自身の考えを整理し，新たな視点を得る習慣を身につけます。教師が適切な質問を投げかけ，子どもたちと対話することで，子どもたちは自分の意見やアイデアを表現し，自己主張するスキルを磨くことができます。このプロセスを通じて，子どもたちは自分の主体性を強化し，自分の学びや行動に対する責任を感じるようになります。

(3) 自己主張力を高める

　子どもたちが自分の目標や興味に基づいて学習や活動を選択し，自己決定を行う機会を与えることも，主体性を育む重要な要素です。教師は，子どもたちが自己決定を尊重し，自分で学習の方向性を決めることを支援するために，適切な言葉がけを行う必要があります。子どもたちが自分の興味に従って学ぶことができる環境であれば，子どもたちは自己主張力を高め，主体的に学びを進めることができます。

(4) 成功体験を味わう

　子どもたちが成功体験を味わうことは，主体性を促進するうえで非常に重要です。教師は，子どもたちの成功体験を強調し，彼らが達成感や充実感を経験できるような言葉がけをサポートすることが求められます。成功体験を通じて，子どもたちは自分の努力や行動が成果をもたらすことを実感し，主体性を伸ばすことができます。

(5) 価値志向を育む

　最も重要なのは，言葉がけが子どもの価値志向を育むことです。子どもたちは，自分の学びや行動に対して価値を見出し，自己啓発の欲求を持つようになると，真の主体性が発揮されます。言葉がけは，子どもたちが自己価値や目標を高め，自己実現を追求する助けとなります。

2　教師の言葉がけの留意点

　子どもに対する言葉がけをする際，留意するべき点について説明します。

(1) 子どもを肯定的に評価する

　子どもたちは自分の価値を肯定的に評価されることで，自己評価を高めることができます。教師は，子どもたちが成果を上げた際に称賛し，成功体験

を共有する言葉がけをすることで，子どもたちの主体性を奨励できます。

⑵　問いかけを尊重する

　質問や対話を通じて，子どもたちの問題解決能力や創造性を発展させることができます。教師は，子どもたちに問いかけることで，彼らの思考力や批判的思考を養う手助けを行うことができます。

⑶　自己決定を尊重する

　子どもたちが自己決定を行う機会を提供し，その決定を尊重することが主体性を育む要因です。教師は，子どもたちが自分で学習の方向性を決める際にサポートし，その自己決定を尊重する言葉がけを行うことが重要です。

⑷　成功経験を強調する

　子どもたちが難しい課題に取り組んで成功することは，主体性を高めます。教師は，子どもたちが困難に立ち向かい，成功感や充実感を得る際に言葉をかけ，その経験を積極的に強調するべきです。

⑸　子ども理解を重視する

　まずはその子を丸ごと受け止めます。その上で，一人ひとりの子どもたちの個別のニーズや特性を理解し，個々の言葉がけを調整することが大切です。子どもたちは異なる背景や学習スタイルを持っており，その理解をもとに言葉がけを行うことで，子どもたちの主体性を最大限に引き出すことができます。

　言葉がけは子どもの心に深い影響を与え，主体性を形成し，育む上で欠かせない要素です。教師は，言葉がけの力を最大限に活用し，子どもたちの自己評価，自己効力感，自己決定能力，問題解決能力，創造性，価値志向性を育む役割を果たすことが，子どもの主体性を促進する鍵となります。

3　言葉がけのための3つの心得

　教師が子どもたちの主体性を引き出すための言葉がけに関する心得として，以下のように具体的な方法を提案します。

(1)　積極的な質問

　積極的な質問は，子どもたちの考えや意見を引き出すための強力な手段です。開放的な質問を通じて，子どもたちが自分自身の意見や価値観を表現しやすくなります。例えば，以下のような質問が考えられます。

　「この学習について，何が一番興味深い？」
　「どんな方法でこの問題を解決したいと考えている？」
　「あなたにとって，成功する学びとは何ですか？」

　このような質問は，子どもたちが自分の考えを探求し，主体的な学習への動機を高めるのに役立ちます。

(2)　共感的な対話

　共感的な対話は，子どもたちの感情や視点に共感し，子どもたちが自分自身を表現しやすい環境を提供する方法です。子どもたちが感情や考えを開かれた雰囲気でシェアできるようにするために，以下のアプローチが役立ちます。

①　非評価的な姿勢

　子どもたちが自分の意見を述べる際に評価せず，尊重します。まるごと子供を受け止める感じです。感情や考えに対して肯定的な反応を示し，彼らが安心感を持つように努めます。

② 共感の表現

　子どもたちの感情や経験に共感し，それを認識します。例えば，「それは本当に難しい状況だったね」や「あなたの考えは素晴らしいね」などの表現を使います。

③ 開かれたコミュニケーション

　子どもたちが話す機会を増やし，自由な対話を奨励します。子どもたちが自分の視点を自由に表現できるような環境を提供します。

(3) アクティブリスニング

　アクティブリスニングは，子どもたちの話に注意深く耳を傾け，彼らが言葉で表現したいアイデアや意見をサポートする方法です。つまり，傾聴することです。アクティブリスニングを行うためには，以下のポイントに注意します。

① 目を合わせる

　子どもたちと目を合わせ，子どもに自分が話に集中していることを示します。これは相手を尊重し，信頼感を築くために重要です。時には横並びになり，同じ方向を見ながら聴く場合も考えられます。

② 質問を使う

　適切なタイミングで質問を投げかけ，子どもたちが深く考える手助けをします。オープンエンドの質問を使って，対話を豊かにします。

③ 肯定的なフィードバック

　子どもたちが話す際に肯定的なフィードバックを提供し，彼らの自己評価を高めます。

　つまり，目の前の子どもに対して，最大限の関心を示すことが重要です。どのような言葉をかけたとしても，相手の心が開いていなければ何も入りません。言葉がけ以前の問題として，子どもとのよりよい関係性を構築することが重要です。

また，言葉がけのスキルを磨くことは，教師にとって永遠の課題であり，子どもたちの成長に貢献する重要な役割を果たします。子どもたちの主体性を尊重し，引き出すために，積極的な質問，共感的な対話，アクティブリスニングの心得を日常の教育実践に組み込み，当たり前に行えるようにしていくことが重要です。

（宗實　直樹）

【参考文献】
・高久清吉（1990）『教育実践の原理』協同出版，pp.101-110

第 **2** 章

子どもの主体性を育む
言葉がけの基本理念

1 子どもの見取りと言葉がけ

1 子どもの見取り

(1) 子どもの「見取り」とは

わたしたちは，子どもを理解しようとするために，子どもの事実を根拠に子どもを見取ろうとします。子どもの「見取り」とは，

- ・積極的に，意識的に，継続的に，子どもにかかわること
- ・子どもの世界に近づこうとすること
- ・子どもの内面をありのまま，まるごと捉えようとすること

と捉えます。

そして，子どもの見取りを支えるのは，子どもへの共感，愛情，敬意，願いであり，教師の感性，人間観，子ども観，授業観です。

(2) どのように見取るのか

子どもの思考や感情は子どもの内面の動きなので目には見えにくいです。外面に表れた事実を根拠とする必要があります。

言語的	非言語的
ノート（記述）	しぐさ
端末（記述）	姿
発言	表情
つぶやき	目線

日記	態度
作文	作品（製作過程も含む）

などが考えられます。

　これらはすべて子どもの「表現」と捉えることができます。長岡文雄（1975）は，「子どもが何等かの形で自己表現をしなければ，教師は子どもをとらえるすべがない 」と述べ，子どもが表現することの重要性を主張しています。子どもの表現を受け止め，そこから子どもを見取ろうとするからこそ，子どもたち一人ひとりへの理解が深まります。

2　見取りと教材の関係

　授業中の見取りは瞬時の判断を要します。
・その子の学びの特性
・その子の学びの跡
・教科の本質
・教科で大切にしたい学習法
　これらが明確であるからこそ瞬時に見取り，その子に応じた言葉がけ等の支援ができるようになります。ですので，単元として獲得させたい知識，働かせたい見方・考え方，教材としての特徴をあらかじめ吟味し，把握しておく必要があります。その単元や教材で何を学び取らせたいのか明確になればなるほど，子どもの向かっている学びの方向を見取りやすくなるからです。次頁の図1のように，単元のイメージ図をつくっておくだけで違います。

【引用文献】
長岡文雄（1975）『子どもをとらえる構え』黎明書房，p. 104

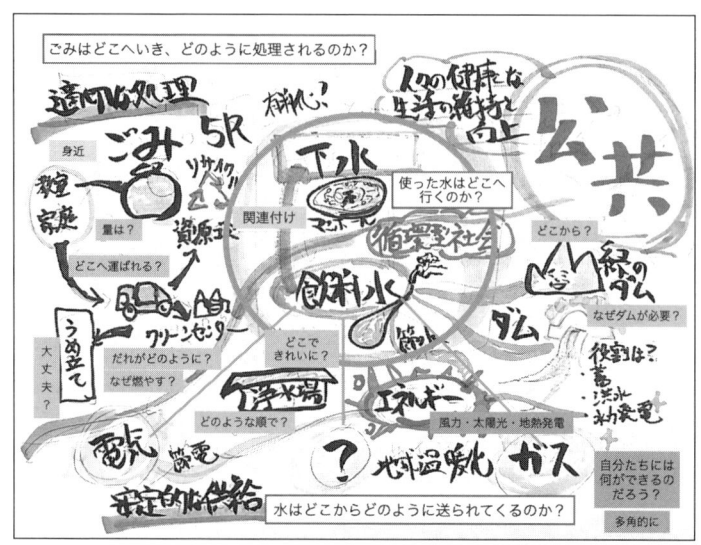

図1　単元のイメージ図（4年生社会科）

3　見取ったその先を見る

　見取ったことをもとにして，その子の生き方や学びのあり方を確かなものにしていくことが重要です。つまり，見取ったその先を考えなければいけません。

　たとえば，学習中に子どもの学びが大きく逸れる時は，教師が軌道修正することも必要です。その際，①その子にそのまま任せたほうがいいのか，②その子に直接促した方がいいのか，③他の子の考えを共有した方がいいのか，見取りに応じて判断する必要があります。

　例えば，①のように，その子がその後に学習を進めるうちに自分で修正できそうな感じであれば，信じて待つようにします。②のように子ども自らの修正が難しそうであれば，「なぜこんな工夫をしているのか考えた方がよくない？」「AとBを比較してみると何かが見えてくるかもしれないね」などと，直接その子に促します。③のように多くの子に修正が必要だと判断した

場合は，全体に声かけします。「○○さんが，とてもうまく共通点を探しているのだけど，どうすれば共通点が見つかりますか？」「○○さんが前に学習したことをうまく関連づけて考えていますよ」と1人の子の学びを全体に広げ，ポイントとなる観点を明確にするようにします。

教師はできるだけ子どもの学びを見守ります。しかし，学習内容を深めたいときは言葉をかけ，教師が働きかけるようにします。

4 見取りと言葉がけはセット

その他，様々な言葉がけが考えられます。
・見取った子どもに気づかせるための言葉がけ
・見取った子どもを称賛するための言葉がけ
・見取った子どもを方向づけるための言葉がけ

つまり，見取りと言葉がけはセットになることが多くなります。見取る際の瞬時の言葉がけの判断も必要ですが，そこまでの過程や，これから先のことを考えた言葉がけが重要になってきます。それは，前述した通り，その子の性格やその子の生活，学びの文脈，教材や活動の特性を押さえておくことが土台となります。

このように，教師から出る働きかけのすべては，子どもの見取りに大きく左右されます。子ども達に豊かな言葉がけをするために，豊かな見取りができるように心がけたいものです。

（宗實　直樹）

① まずは子どもを豊かに見取ることを心がける。
② 見取ったその子のこれから先を考えた言葉がけをする。

【参考文献】
・長岡文雄（1975）『子どもをとらえる構え』黎明書房
・若松俊介・宗實直樹（2023）『子どもの見方が変わる！「見取り」の技術』学陽書房

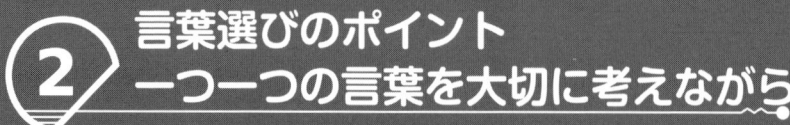

2 言葉選びのポイント
一つ一つの言葉を大切に考えながら

1 言葉選びのポイント

　言葉をかけても，子ども達は上の空。「どうも言葉が届いていないな」そう感じることがよくありました。失敗の中から，以下の3つのポイントを意識しながら，言葉を吟味するようになりました。

⑴　言葉のひき算で簡潔に
　体育の球技をすると，勝敗にこだわるあまり，負けたチームが不平不満を言います。勝敗に対して正しい態度を取り，感謝の気持ちを持てる子どもに育てたいと思います。あれこれ語るよりも，始めにこの言葉を教えます。

　グッドルーザー（負けても潔い人）

　授業の度に取り上げ，具体的な姿を見つけると，認めていきます。「負けても相手にしっかり拍手していたね」「最後までちゃんとあいさつをしていたね」そうすると，学級の合言葉として根付いていきます。
　言葉のひき算をし，伝えたいことを1つに絞るだけで，ずいぶんと子どもに届きやすくなります。偉人の名言や諺は簡潔です。余分な言葉がそぎ落とされ，短い中にも明確なメッセージが凝縮されています。だからこそ，長い年月を経ても語り継がれ，人々の心を動かすことができるのでしょう。

⑵ 子ども目線で，イメージがわく言葉を

　岩下修（1989）は，させたいことを直接言うのではなく，頭の中にゆれのないイメージのわくモノ（物・人・場所・数・音・色等）を，言葉がけの中に入れることを提言しています。

　例えば，委員会活動の発表の練習をしている場面。声が小さく，自信の無さそうな子どもたちに「もっと大きな声で」の言葉は届きません。

　壁に，ボールが届くように，声を出してごらん。
　次は，壁に，ボールが跳ね返ってくるように。

　具体的なイメージを，子どもたちの頭に描くように，言葉をかけます。そして，小さな変化を見取り，認めます。そのくり返しで，子どもたちは，自信を持って，全校生に届く声で発表ができるようになりました。

⑶ 響きのよい言葉を

　休み時間になると，コマーシャルの歌やキャッチコピーを口ずさんでいる子どもがいます。響きがよくリズム感のある言葉が子どもたちは大好きです。

　東井義雄（1986）は，『子どもを見る目　活かす知恵』（明治図書）の中で，当時青年教師であった米田啓祐氏の「ポンパでいこう」という詩を紹介しています。某家電メーカーのテレビが「スイッチをポンと入れるとパッと画面が映る」という性能を「ポンパ」の一言で言い表した言葉の巧みさに注目した米田氏が，「心のスイッチをポンと入れ，パッとやろう」を合言葉にし，子どもたちのやる気を奮い立たせていかれたというエピソードが語られています。テレビやお店や街の看板など様々なところで，子どもの心に届く，響きの良い言葉を見つけると，「どこかで使おう」と嬉しくなります。

⑷ 相手を理解しようとし続けることこそ

　上記のように言葉選びのポイントは確かにありますが，「いつ，だれに対

しても，効果がある言葉がけ」はありません。言葉選びの一番のポイントは，「相手を理解しようとし続けること」かもしれません。

　東井（1987）は，卒業式で，校長から卒業生一人ひとりに，メッセージを色紙に書いて渡しておられたそうです。『いのちの根を育てる学力』（国土社）の中で，「私は，毎日，子どもたちと「鉛筆対談」をやっていたので，子どもの家庭の状況や，内面に潜ませている悩みや問題を，時には担任もまだ気づいていないことまで承知させてもらっていた。したがって，卒業生に手渡す私の色紙のことばも，120名だろうが123名だろうが，ことばに困ることはなかった。(p.177)」と述べています。

　成長を願い，相手を理解しようとする不断の営みを，校長という立場にありながら，続けていたことに驚きを覚えます。それも，100名を超える子どもたちとです。当時東井から色紙を受け取った卒業生の１人，西村徹氏（元小学校教諭。東井義雄に関する著書多数）によると，数十年たった今でも，東井にかけられた言葉に励まされ，生き方を示してくれていると感じる

「一人ひとりに贈られた色紙」

ことがあるそうです。子どもを理解しようと努力を続けているからこそ，一人ひとりの「今」に寄り添った言葉が，選べるのだと教えられている気がします。

2　選んだ言葉を子どもに届けるには

　「自分の言葉が子どもに届いていないな」と感じる時，自分の伝え方や日々の言動を見直すことも有効です。

(1)　主語は「わたし」。決めるのは「あなた」。
　友達とトラブルになってしまい，手を出してしまったA君。どちらの言葉

がＡ君に届きやすいでしょうか。

> ㋐「Ａ君は間違っている。」
> ㋑「わたしは，Ａ君のやり方が間違っていたと思うよ。」

　㋑のように，主語を「わたし」にした伝え方は，相手の人格を否定しません。あくまで「わたし」の考えを伝えています。言葉を受け取る相手を尊重する伝え方が，大切です。そして，「Ａ君はどうしたい？」と尋ねます。行動を選択し決定するのは，子ども自身です。「あなた」の判断を信じているよというメッセージが，子どもの心に届くのではないでしょうか。

⑵　ヒドゥンカリキュラムを意識する

　教師は直接的な発問や指示以外にも，メッセージを伝えています。直接的に見えにくい教育的効果を総称して，「ヒドゥンカリキュラム」と呼びます。例えば，「失敗は成功のもとだ。チャレンジしよう」と語った後に，２人が行動を起こしたとします。成功したＡさん。チャレンジしたが失敗したＢさん。Ａさんだけをほめるとどうか。「やっぱり失敗はダメなんだ」「先生は言ってることが違う」と負のメッセージが伝わるでしょう。２人の勇気を等しく認め，価値付けることでチャレンジすることの大切さが，周りの子ども達にも伝わるでしょう。このように，ヒドゥンカリキュラムを意識的に使い，子どもとの信頼のパイプを太くすることが大切だと思います。

（木上　徹也）

① 「簡潔な言葉」「イメージがわく言葉」「響きが良い言葉」を。
② 「相手を理解しようとし続けること」。
③ 言葉が届かない時は，自分の言動をふり返ってみよう。

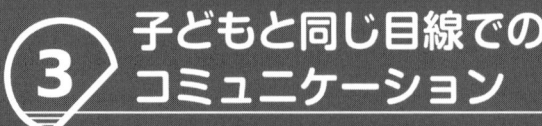

3 子どもと同じ目線での コミュニケーション

1 尊敬や信頼でつながり合う

横藤雅人（2011）は「織物モデル」について次のように述べています。

> 織物は縦糸と横糸でできている。学校現場になぞらえると，「縦糸」が教師と子供の上下関係，「横糸」が教師と子供とのフラットな心の通い合いである。この異なるベクトルの糸を教師がいかに絡めてゆくか。
> 『必ずクラスがまとまる教師の成功術！』野中信行，横藤雅人著　学陽書房

「縦糸を張る」ことをどのようにイメージされますか。なめられないように怖い顔を崩さないように子どもの前に立つ。よくない行為が広がらないように大声で叱責する。規律ある学級にするためにたくさんのルールで縛る。横藤は，このようなファシズム的な指導で子どもを支配することではないと言います。「縦糸を張る」とは子どもとの適度な距離を持ちながら，教室の枠組みを示し，時間の意識や環境，言葉などを整えていくことです。このような縦糸が張られていない教室は，無秩序な状態となり学級崩壊に陥ります。

縦糸と同様に「横糸を張る」ことをどう捉えるかも重要です。子どもの思いを大事にするという大義名分のもと，要求をすべて受け入れたり，子どものご機嫌をとったりすることではありません。「横糸を張る」とは，教師が子どもたちの中に入り，ほめたり，認めたり，任せたりしながら子どもたちとの間に心の通い合いをつくっていくことです。

横藤は，縦糸と横糸の割合は３：７ぐらいの感覚であり，横糸を豊かに張っていくための縦糸であるとも述べています。つまり，めざすべき学級の方向性は，教師と子どもや子ども同士の心の通い合った学級であり，そのために枠組みを整えることも必要だということです。この捉え方を間違えると，学級に心の通い合いは生まれません。

　私には，新卒２年目に子どもの心が離れていったという苦い経験があります。初めて６年生を担任した私は，子どもたちになめられてはいけないと思うあまり，統率することに必死になっていました。しかし，私が子どもたちを枠に入れようとすればするほど，一部の子どもは枠からはみ出そうと反発します。当時の私は，統率により教室の秩序を守ろうと縦糸を張ることが全てになってしまっていたのです。そんなある日，児童会行事の準備をがんばった学級のリーダー的存在であるＹさんに「Ｙさんがいるから助かるわ。頼りになるわ」とほめました。すると，Ｙさんは「なんか先生にほめられても嬉しくない」と笑いながらつぶやいたのです。悪気なく口にした正直で残酷な子どもの言葉が私の心に突き刺さりました。子どもを上から見て，統率することに必死になっていた私は，子どもたちとの間に心の通じ合いをつくることができていませんでした。そんな私の言葉が，子どもの心に響くはずもありません。

　この経験は，どんな言葉をかけるかの前に，誰が言葉をかけるかが重要だということに気づかせてくれました。教師が，子どもたちから尊敬され，信頼される人だと思われているかどうかです。そして，教師自身に，一人ひとりの子どものよさを見取り，それらを心から尊敬できるまなざしがあるかどうかです。教師と子どもの双方に尊敬の気持ちや信頼感があるからこそ，教師の言葉が子どもの心に響きます。そのどちらか一方でも欠けると，どんなにすばらしい言葉も子どもの心には染み込まないのです。

　縦糸と横糸を張るとは，教師と子どもが互いに尊敬し合い，信頼し合う関係を築くことだと私は考えます。そのような関係性があるからこそ，言葉で人を育てることができるのです。

2 対等なまなざしで子どもと学び合う

　織物モデルは授業づくりにもつながります。しかし，授業になると教師が教える人，子どもが教わる人という縦糸の意識がより色濃くなっているように感じます。縦糸の意識が強いと子どもは受け身になり，主体性は育ちません。「主体的・対話的で深い学び」を実現するためには，横糸を軸とした授業観に立つべきではないでしょうか。

　豊田ひさき（2018）は，子どものやる気を育てる東井義雄の授業のポイントの1つに『教師と子どもの「対等性」』を挙げています。教師が教える，子どもが教わるという立ち位置ではなく，教師も子どもも同じ地平から協働的に学び合っている仲間という立ち位置です。豊田が分析している『二つの玉』（当時の教科書の学校図書，3年上）の授業記録から，『教師と子どもの「対等性」』を軸にした東井のやる気に火をつける対話的な授業のあり方が見えてきます。

> 　「校長先生！」
> 　「なんだい？」
> 　「校長先生，本には『海のごてんでは大さわぎになりました』いうて書いてあるけどな，ここの『大さわぎ』いうのはなあ，ぼくらが，すもうとったり，けんかしたりして，ドテンバタンやるの『大さわぎ』とはちがうと思います」
> 　「校長先生，私もそう思います」
> 　「ぼくも，この『大さわぎ』は，すもうやけんかの『大さわぎ』とはちがうと思います」
> 　「ありゃ，みんなそう思うんかい？だって，すもうをとったりけんかしたりしてドテンバタンやることだって，『大さわぎ』っていうぞ」
> 　「校長先生がそんなことをいいはるんわなあ『大さわぎ』ということ

ばだけで考えとんなるでだ。『大さわぎ』ということばだけ考えたら，そんなわけにもなるけど，ここに書いたる『大さわぎ』は，そういう大さわぎとちがう。校長先生，まあ『大さわぎ』ということばだけ考えとらんと，もうちょっと前のところから読んでいってみなれ。そしたら，海の神さまが，とても喜んで山さちひこさんにどんなにしてもてなそうかと，いっしょうけんめいになっとることがわかるで。そして，この『大さわぎ』は，山さちひこさんをもてなすための『大さわぎ』だということも分かるで」

「校長先生，そのとおりです。校長先生は，文を読まんとって『大さわぎ』ということばだけを考えとんなるんだ」

「うーん，えらいことをいうなあ。そのことばだけを考えていても，ほんとうのわけはわからない。なるほどなあ」

『東井義雄子どものつまずきは教師のつまずき　主体的・対話的で深い学びの授業づくり』豊田ひさき　風媒社　より東井と子どもの発言を抽出

東井の言葉がけにより，子どもの学びに向かう気持ちにどんどん火がついているのが伝わってきます。

「なんだい？」
「ありゃ，みんなそう思うんかい」
「うーん，えらいことをいうなあ」

東井は，これらの言葉で，まずは，子どもたちの発言をしっかりと受け止めています。このようなクッション言葉で，どの子も考えを受け止めてもらえるからこそ，安心して自分の考えを発言するようになります。

しかし，子どもに上から教えようとしている教師は，クッション言葉が出てきません。「おしい！」「残念！」などといった正解を意識した言葉が先に

出てしまうのです。正解を意識した言葉は，子どもに間違うことをおそれさせ，発言することに消極的にさせていきます。

東井は，クッション言葉で子どもの考えを受け止めた後に，

> 「だって，すもうをとったりけんかしたりしてドテンバタンやることだって，『大さわぎ』っていうぞ」

と，切りかえしたり，

> 「そのことばだけを考えていても，ほんとうのわけはわからない。なるほどなあ」

と共感したり，ほめたりしています。とぼけたり，驚いたりしながら，子どもとの協働的な学びを楽しんでいます。教えるのではなく，同じ目線に立って考えることで，子どものやる気を引き出し，思考を深めています。

子どもの考えを全力で受け止め，子どもと協働的に学びを楽しもうとする教師のあり方が，教室に安心感をつくり，学びに向かう子どもの心に火をつけるのです。

3 子どもの心に響く言葉がけ

東井の子どもと同じ目線で学び合おうとするまなざしは，日常のコミュニケーションにも表れます。東井は，校長時代，卒業を控える6年生と「対話ノート」で思いをやりとりしていました。「対話ノート」には「やっと順番が回ってきた」「待っている人がいるのに自分の番だということを申し訳ない」などと書かれており，子どもたちが対話ノートを早く書きたいと思っていることが分かります。子どもの書きたい気持ちに火をつけるポイントは，東井の返事にあります。心を込めて書いた何ページにもわたる返事からは，

子どもへの深い愛が
伝わってきます。
　次のコメントは,
八鹿小学校平野学級
の谷垣さんの書いた
ことに対する東井の
返事の冒頭です。

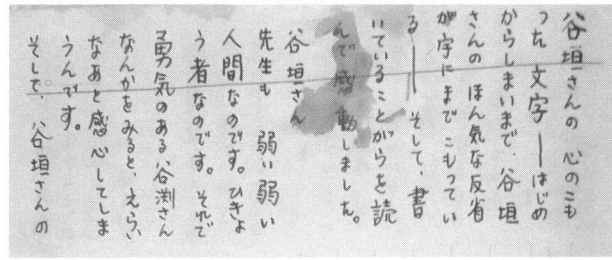

(1)　Iメッセージが子どもの心に響く

　1文目で谷垣さんの本気の字と内容をほめています。その言葉は「すご
い」「すばらしい」などといった子どもを批評する言葉ではなく,「感動しま
した」という東井自身の気持ちを伝える言葉になっています。他にも,対話
ノートには,「感心してしまうんです」「讃えずにはおれません」「願ってい
ます」など東井自身の気持ちを伝える書き方が目に留まります。

　「すごい」「すばらしい」のような「あなた」が主語になる伝え方を You
メッセージと言います。「感動しました」「感心してしまうんです」のような
「私」が主語になる伝え方をIメッセージと言います。石川尚子（2013）は
You メッセージとIメッセージについて次のように述べています。

　　Youメッセージはプラスの言葉であれば,確かに悪くないのですが,
どことなく,相手を「評価」するニュアンスがにじんでいます。「あな
たはこうだよね！」と言われることで「そんなことないのに」と反発を
感じる子もいます。一方,「Iメッセージ」ですと,「私はこう感じた
よ」という気持ちが伝わってくるので意外と子どもは素直に受け取れる
ようです。
　　『言葉ひとつで子どもが変わる　やる気を引き出す言葉　引き出さない
言葉』石川尚子著　柘植書房新社

Ｉメッセージは，1970年にアメリカの臨床心理士トーマス・ゴードンによって提唱されましたが，最近ではコーチングの技術として取り上げられることも多くなりました。しかし，東井はほめる技術として「感動しました」「感心してしまうんです」などのＩメッセージを書いていたのではないと思うのです。技術という表層ではなく，根底に子どもを人として心から尊敬するまなざしがあるからからこそ「感動しました」「感心してしまうんです」という言葉が自然と出てくるのです。

　冒頭の言葉１つとっても，東井がいかに子どもと同じ目線でやりとりをしているかが分かります。子どもの思いに寄り添い，子どもへの敬意を込めた返事だからこそ，東井の言葉は子どもの心に響くのです。

(2)　教師の自己開示が子どもの心を開く

　２文目と３文目では，「谷垣さん」と呼びかけ「先生も弱い弱い人間なのです。ひきょう者なのです」と自分が弱い人間であると自己開示しています。

　私は若い頃に「子どもに弱みを見せてはいけない」「子どもに謝ってはいけない」などと指導されたことがあります。教師が弱みを見せると子どもになめられると言われました。でも，本当にそうでしょうか。教師も人間です。当然，弱さもあります。その弱さを隠して，見栄ばかりはっている教師に，子どもは本当の自分を出すようになるでしょうか。教師が自分の弱さを自己開示することは，弱さを理解し合い，助け合いながらいっしょに成長していこうという子どもたちへのメッセージだと思うのです。

　私は，４月に自分の弱点を自己開示しながら次のように話します。

　「先生は忘れっぽいのが弱点です。誰にでもよさがあれば，弱さもあります。互いによさは認め合い，弱さは支え合う。そんなつながりのあるクラスにしたいと思っています」

　このように最初に話していると，子どもたちは，私が忘れそうなことをサポートしてくれたり，物忘れに対して大目に見てくれたりします。そして，子ども自身も自分の弱さを学級の中で出すようになっていきます。互いの弱

さを理解し合い，助け合い，支え合うようになります。教師の自己開示が，子どもの心を開くきっかけになるのです。

　また，集団への自己開示で成長のスイッチが入ることがあります。私が信任のときからお世話になった恩師は，小学校校長を退職後，教員養成の大学で教鞭をとられました。恩師は，ゼミ生同士の関係ができつつある５月頃に全員に自分のことをスピーチさせていました。すると，涙ながらに自分の生い立ちを自己開示する学生がいるそうです。そのように自分を自己開示できた学生は必ず伸びるのだそうです。自己開示は，仲間に自分をさらけ出し，共に成長していこうという覚悟の表れなのです。

　「クッション言葉」「Ⅰメッセージ」「教師の自己開示」

　このような教師のはたらきかけは，子どもを上から見ている教師にはできません。逆に，子どもと同じ目線で寄り添い，子どものことを尊敬し，子どもと共に成長しようとしている教師にとっては当たり前のことかもしれません。そのようなまなざしがある教師が，子どもと心を通わせ，言葉で人を育てることができるのです。

（久後　龍馬）

① 縦糸と横糸を張り，互いに尊敬し合い，信頼し合う関係を築く。
② 子どもの考えを受け止め，子どもと同じ目線で学びを楽しむ。
③ 愛のこもったⅠメッセージで子どもの心に響かせる。
④ 教師の自己開示で子どもの心を開く。

【参考文献・引用文献】
・野中信行・横藤雅人（2011）『必ずクラスがまとまる教師の成功術！　学級を安定させる縦糸・横糸の関係づくり』学陽書房
・豊田ひさき（2018）『東井義雄　子どものつまずきは教師のつまずき　主体的・対話的で深い学びの授業づくり』風媒社
・石川尚子（2013）『言葉ひとつで子どもが変わる　やる気を引き出す言葉　引き出さない言葉』柘植書房新社

4 ほめ方と励ましの言葉がけの工夫

◆ はじめに

　教室に行くと当たり前のように目の前にいてくれるのは，この世にたった1人しかいない大切な子どもたちです。そんな子どもたちの主体性を育むためにも，心身の健やかな成長のためにも。叱るばかりではなく，ほめよう！励まそう！と思われている先生方は，きっとたくさんいらっしゃるのではないでしょうか。

　そのような先生方の，子どもたちへの思いや言葉が，子どもたちの主体性を育てていくと私は思っています。例えば，失敗しても励ましてくれて，挑戦したことをほめてくれる先生が担任の学級なら，自ら考え行動していける子たちにいつか育っていくと思いませんか？怒ってばかりの先生が担任の学級なら，怒られることを恐れ，人に言われたことだけをきちっとやったらいいんだというような考えの子どもたちに育っていってしまうように思います。だからこそ，先生方の「大切な子たちだからこそ，成長してほしい」という願いが，まっすぐ子どもたちに伝わる必要があると思います。

　私は毎日，

　「今日は，だれの，どんなよさを，どんなふうに伝えようかな」

とわくわくして教室に向かいます。日々子どもたちの成長を知ることができること，それを指導させてもらえることへの，喜びや感謝がわき上がってくる思いです。こういった，子どもたちへの願いや喜び，感謝を忘れないこと。そしてこれらの思いが，できるだけまっすぐ伝わるように，ほめよう！励まそう！と心がけています。

1 「ほめる」「励ます」とは

　では，まず，「ほめる」「励ます」ということについて，どのように捉えていらっしゃるでしょうか。一般社団法人日本ほめる達人協会の西村貴好理事長は，その協会の概要の中で「ほめる」ということを，次のように定義しています。

> ほめるとは，価値を発見して伝えること。

　また，ほめ言葉のシャワーで有名な菊池省三（2017）は次のように述べています。

> ほめるも叱るも，教師の行為は全て「成長」のためのもので，
> 本人の成長を促すものです。
> 目の前の子どもの価値を発見して伝えるためにほめるのです。

　つまり，「ほめる」とは，子どもたちの内側にあるかがやきを発見し伝えることなのです。そして「励ます」ということも同様，子どもたちの内側にあるかがやきを知っているからこそできる，勇気づけや元気づけのことなのです。子どもたちを下に見て，上から評価することでは，決してありません。子どもたちを見ているようなふりをして，外側だけを見て，当たり障りのない謙遜をすることでは，決してありません。

　この「ほめる」「励ます」ということを，何十年も前からごく当たり前にされていたのが東井義雄です。東井は，子どもたちのかがやきを発見し，それを伝えるということを，書き合うことを通じて行っていました。東井の八鹿小学校校長時代に行っていた実践に対話ノートがあります。2つの対話ノートを紹介させていただきます。

1つ目は，当時八鹿小学校の米田学級の6年生児童であった米田彰子さんとのやりとりです。彰子さんは対話ノートに，

> 　わたしの自慢は，入学した時のランドセルと筆箱を使っていることです。それから，ずっとコタツなしで寝ています。
> 　わたしが好きなのは花です。とくに自然に咲く花が好きです。

と書いていました。それに対して東井は，

> 　花が好き。
> 　自然に咲く花が好き。
> 　ここに彰子ちゃんのすべてがあらわされている気がします。
> 　「自然」というものの不思議さ，生きているもののすばらしさ。そこにこころをひかれる彰子ちゃんは，目の前のパッとしたはなやかな豪華なものにごまかされない目を持っている人だと思われます。ほんとうのすばらしさというものは，パッとしたはでなものではないらしいですね。
> 　彰子ちゃんは，表面はみすぼらしくても，そのもうひとつ向こうにあるもののねうちを大事にする。
> 　「ランドセル」だって「筆箱」だって何年も使ってボロボロになっているだろうが，そのもうひとつ向こうに，何百万円出してもお金では買うことのできない「ねうち」があることをあなたは知っている。

と返しています。本人さえも気付いていないかもしれないような，かがやきを発見し伝えること。ほめるとは，こういうことだと思います。
　そのためには，日ごろから子どもたち一人ひとりを大切に思って，温かくまなざすことが大切になってきますね。そうでないと，内側にあるかがやきが見えなくなってしまうからです。
　次は，当時八鹿小学校井上学級の6年生児童であった上田洋子さんという

子とのやりとりです。

　上田さんは，小学校に入学したころ，気が弱くて引っ込み思案だったのか，発表ということがあまりできなかったようです。しかし，中学になったら発表ができるようになりたいと思い，東井との対話ノートに，

　　どうしたら弱いこころを強いこころに入れかえられるでしょうか。

と書きました。それに対して東井は，

　　上田さんは，自分が気が弱いことを真剣に反省し，自分の欠点をなおすことに一生懸命努力している。その一生懸命さがわたしの胸の底までしみこんできます。一生懸命ということは，こんなにも人のこころを打つことなんですね。
　　上田さん。この一生懸命さは，どんなおしゃべりよりもねうちがあります。言葉というものには，こころが入っていなければねうちがありません。ペラペラとよくおしゃべりをする人を上田さんはうらやましいと思うかもしれませんが，そういう人こそ，上田さんのように，言葉にこころをこめて使う人を手本にして学び直さなければなりません。
　　上田さん。ペラペラのしゃべりなんかうらやましがることはないのです。たったひと言でも，こころのこもった言葉を使うことのほうがねうちがあるんだ，と考えて自信を持ってください。

と返しています。内側のかがやきを知って勇気づける，元気づける。励ますとは，こういうことだと思います。

　日ごろから，子ども一人ひとりを大切に思って，よく見ること。そして決して下に見ず，その子の成長を信じて，本当に必要な言葉をかけてやること。大切なことは，ほめるも励ますも，同じですね。

2 なぜ「ほめる」「励ます」のか

　ではここで今一度，改めて，なぜ「ほめる」「励ます」なのか。を考えたいと思います。

　学校教育目標の最大の目標は人格の形成，つまり，子どもたちの人としての成長です。その成長を促す，導くものには，いろいろな手段があります。ほめる，励ます，認める，叱る，寄り添う，支援する…。ではなぜ，その中でもほめるのか，励ますのか。3つ考えています。それは，

---

①子どもたちが人として成長していこうと思えるためにほめる。
②子どもたちとともに成長するためにほめる。
③子どもたちの主体的・対話的で深い学びのためにほめる。

です。順に説明します。

(1)　子どもたちが人として成長していこうと思えるために

　こう書くと，ほめることと励ますことしかしない，ように思われる方がいるかもしれませんが，そうではありません。大切な目の前の子どもたちの成長のために，叱ることももちろんあります。大切だからこそ，叱ります。しかし，大切な子どもたちの成長のために，「ほめる」「励ます」といった言葉がけを選ぶことが少なくなっているのが，今の教育現場ではないでしょうか。そして，「ほめる」「励ます」が少ないから，子どもたちは，自分に自信がなくなり，失敗をおそれているのではないでしょうか。考えることをやめてしまっているのではないでしょうか。

　だから今こそ，「ほめる」「励ます」ということを意識したいのです。そして，世界にたった1人の自分に自信をつけてやり，自分をよりよくしていこう，成長していこう，という言葉をかけてあげたいなと思うのです。

(2) 子どもたちとともに成長するために

また，わたしたち教師も，教師だけでは成長できません。いろいろな子どもたちがいてくれるからこそ，はっと気づいたり，そのおかげで成長したりできることだらけですね。そんなときにわたしたちにできることがほめる，励ますことではないでしょうか。

「あなたのそういう考えにこちらも学ばせてもらった。ありがとう。」

「こういうあなたがすてきだから，いっしょにがんばりましょう。」

「すごいなぁ。」

と，思っていても意外と言葉にしていない先生方もおられるのでないでしょうか。そういう言葉がすべて，「ほめる」「励ます」です。ほめたり，励ましたりしたら，教師であるこちらも，その子のよさから素直に学ぶことができ，子どもたちと一緒に成長させてもらえるのではないかなと思っています。

(3) 子どもたちの主体的・対話的で深い学びのために

「ほめる」「励ます」ということで，「自分」に自信がついていくということは，もちろん学びにおいても大きな影響を及ぼします。

ほめられている学級の子どもは，のびのびとしていて明るくて無邪気です。叱られてばかりの学級の子どもたちは，失敗を恐れて萎縮しています。授業になるとその差は歴然としています。のびのびとした子どもたちの学びはダイナミックになります。自分をさらけ出し，他者との対話や協働を繰り返しながら，自発的に追究しながら学んでいきます。まさに主体的・対話的で深い学びです。

やはり，「ほめる」「励ます」ということの大切さを確信しています。

3 「ほめる」「励ます」ときの工夫

では，子どもたちの成長のために，ほめよう！励まそう！と意気込むのですが，ここで大事にしたいことがあります。

⑴　何でもない行動にまなざしを向ける

　「ほめる」「励ます」ために，まずは子どもたちの内側にあるかがやきを見つけなければいけません。そのために，子どもたちの何でもない行動にこそ，まなざしを向けていただきたいと思います。子どもたちが何気なくやっている行動の奥に，その子らしい考え方やかがやきがあるのです。つまり，内側のかがやきを見つけるということは，どんな些細な行動もかがやきにしてしまうということでもあります！「今日も，子どもたちの行動を全部ほめるぞ！」というぐらいの気持ちで，子どもたちに温かいまなざしを向けましょう！

【言葉がけ例】

- 「みなさん今日も，自然にあいさつを返してくれましたね。当たり前かもしれませんが，相手のことを大切に思えているから，できることです。今日も，すてきだなと思っています。」

- 「今のこの，鉛筆を持って，やるぞっていう姿勢，表情。みんなで学ぶぞっていうやる気の表れが，最高に美しいですね。」

- 「小さい声でも，どうですか？と問いかけられるのは，１人でどんどんやるんじゃなくて，みんなと学び合いたい心があるからですね。大きな声を出すことも大事だけど，それよりも大事な気持ちですね。」

⑵　周囲の子どもたちとのかかわりの中で

　そして，もう一つ大事にしたいことがあります。

　それは，「学校教育の中で『ほめる』」ということを意識することです。学校教育の中で「ほめる」とは，周囲の子どもたちとのかかわりのなかで，そ

の子のかがやきが発揮されたことを発見し伝えることだと，わたしは思っています。そうでないと，教室で1人の子だけをほめてしまったら，「この子だけがえらいのか」というような，つるし上げ状態になってしまうからです。ひとりのかがやきをみんなとのかかわりとくっつけて価値付けて伝えていくのです。つまり，

> 「周りのみんなのおかげで，この子のよさが発揮されたのだ。」

と捉えて伝えるのです。学校や学級という集団が，「自分」を出せるような集団だから，その子のよさが発揮されたのです。こうしてほめるからこそ，「みんなのために自分が」というような主体性も育まれていくのです。

【言葉がけ例】

- 「今，1人でも堂々と手を挙げたAさんの勇気が素晴らしいですね。でもAさんが勇気を出せたのは，安心できる空気をみなさんがつくっているからですね，いい教室です。」

- 「すいません，と素直な心で謝ることができたBさんがかっこいいですね。それを受け入れる温かいみなさんがいるから，Bさんの素直さが発揮されたのでしょうね。すてきな学級です。」

4　子どもはどの子も星

東井の数々のお言葉の中の１つに，このような言葉があります。

どの子も子どもは星
みんなそれぞれがそれぞれの
光をいただいて
まばたきしている
ぼくの光をみてくださいと
まばたきしている
わたしの光もみてくださいと
まばたきしている
光をみてやろう
まばたきに応えてやろう

光を見てもらえないと
子どもの星は光を消す
まばたきをやめる
まばたきをやめてしまおうと
しはじめている星はないか
光を消してしまおうと
しはじめている星はないか
光を見てやろう
まばたきに応えてやろう
そして
天いっぱいに子どもの星を
かがやかせよう

　ほめるも，励ますも，はたまた叱ることも，この言葉のような思いがないと成立しないものだと，自戒の念もこめて思っています。

　子どもたち一人ひとりが持っている光を見て，大切にできる教師でありたいです。子どもたちのまばたきに応えられるように。そして光をさらに大きくしてあげられるように。決して小さくしてしまわないように。

　私は，これからも，子どもたちへの本物の思いを，言葉にしてまっすぐ伝えられる教師を目指して日々成長したいと思っています。

　そして，この本を手に取ってくださった，すてきな先生方のすてきな思いも，子どもたちの心にまっすぐに届くことを願っています。

（岡　　実咲）

① 「ほめる」「励ます」とは
- ・「ほめる」とは，内側のかがやきを発見して伝えること。
- ・「励ます」とは，内側のかがやきを知ったうえで，元気づけたり，勇気づけたりすること。

② なぜ「ほめる」「励ます」のか
- ・子どもたちが人として成長していこうと思えるためにほめよう。
- ・子どもたちとともに成長するためにほめよう。
- ・主体的・対話的で深い学びのためにほめよう。

③ 「ほめる」「励ます」ときの工夫
- ・子どもたちの何気ない行動にこそ，まなざしを向けよう。
- ・みんなとのかかわりを持たせて，ひとりの子のかがやきを伝えよう。

④ 子どもはどの子も星である。

【参考文献】
・菊池省三・菊池道場（2017）『人間を育てる 菊池道場流叱る指導』中村堂，pp.2-8
・菊池省三（2023）『ほめ言葉手帳2023』明治図書
・東井義雄（2001）『東井義雄「こころ」の教え』佼成出版社，pp.21-25，pp.101-103

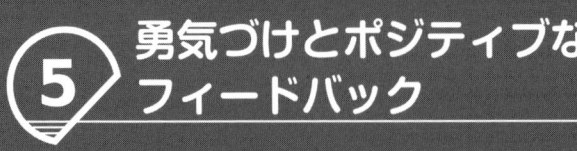

5 勇気づけとポジティブな フィードバック

1 勇気づけとは

赤坂真二（2010）は，「勇気づけ」を次のように定義しています。

> 努力したり人と協力したりして適切な方法で課題を解決する気力を与えていく営み

ここに出てくる気力は，広辞苑では次のように書かれています。

> 活動に堪え得る精神力。気根。また，元気。勢力。

つまり，「勇気づけ」とは，何かをやり遂げようとするときの心の強さや意志の強さを養っていき，自信を持たせることです。そのためには，子どもたちの内面に目を向け，共感し共に考えていくという教師としての立ち位置が必要です。子どもたちの一場面だけを見て，「がんばれ」など当たり障りのない言葉がけをすることでは，決してありません。

勇気づけしていくためには，子どもを子どもとして見るのではなく人として見て育てていくということ，子どもたちを点ではなく線で見て成長させていくという思い，そのために子どもたちが困難にも立ち向かえるように日頃から気力を養っていくことが大切だと考えます。

この項目では，大きく分けて2種類の勇気づけについて考えていきます。

```
┌─────────────────────────────────────────┐
│  ①  気力を与える勇気づけ                  │
│  ②  人を育てる勇気づけ                    │
└─────────────────────────────────────────┘
```

(1)　気力を与える勇気づけについて

　掃除の時間に何度も黒板消しで掃除をし，黒板をきれいにしてくれる子ども。普段の教室で何気なく目にする風景ですが，みなさんはそのような子どもを目にしたとき，どんなことを考えますか？「先生に気持ちよく黒板に字を書いてもらいたい」「みんなが気持ちよく授業を受けられる，集中して取り組めるように」など，子どもの行動には必ず思いがあります。気力をもらい勇気づけられているのは，教師かもしれません。言うまでもありませんが，子どもの行動には必ず思いがあると子どもを信じることが，教師にとって大切な資質です。

　東井義雄（2007）は，著書で以下のように書かれています。

> あたりまえのことは　実はすばらしくて　難しいことだ

　また，赤坂真二（2010）は，著書で以下のように書かれています。

> アドラー心理学では，健康なパーソナリティーの一つに，集団に貢献度を持っていることを挙げます。子どもの存在や行いが誰かを喜ばせ，誰かの役に立っていることを積極的に見つけて知らせます。

　学校生活を営んでいると，当番として電気をつけたり消したりしてくれる子，こちらがあいさつをしたらあいさつを返してくれる子などがいます。
　そういった日常で起こる子どもたちの行動を，「当番の仕事だから」「子どもだから」「決まっていることだから」と「〇〇だから」と捉えるのではな

く，子どもの思いや行動を考え価値付けていくことが必要なのではないでしょうか。何気ないことかも知れませんが，子どもが学校に元気に来てくれることにも，感謝したいです。教室の日常で起こる当たり前に着目し，子どもの思いや背景を考え，教師の思いを乗せて「ありがとう」と一言伝えることにより，子どもたちの気力が高まります。「ありがとう」というポジティブな言葉があふれる教室は，温かい空気になり子どもたちの関係性もよくなります。そのためにも，教師が子どもの外面（行動）を見取るだけでなく，その裏側になる子どもの内面（思いや背景）を見取り，言葉がけすることが大切です。

⑵　人を育てる勇気づけについて

　東井義雄（2001）が校長として勤務された高橋中学校3年生の生徒作文です。

> 　先生，ぼくはなんと欠点の多い者だろうと，つくづく自分がいやになってきました。今日はぜったいに悪さをしないぞと思うのですが，つい悪さをしてしまうのです。
> 　先生，これはぼくの性分なのでしょうか。努力すればなおすことができるでしょうか。もし，この欠点をなおす方法があれば教えてください。

この作文に対して，東井は以下のようにコメントを返しています。

> 　自分のこころのなかを見る目をちゃんと持っています。これはたいへんな宝なんですよ。どうかそれを，ますます大切にしてください。これを大切にしてさえすれば，君の気にしている病気なんか，すぐになおります。
> 　伸びようという気さえあれば，どこまでも伸びることのできる「中学生時代」を「反抗病」や「なまいき病」にとりつかれて，粗末にしてし

まわないよう，しっかりたのみます。

　子どもの今の現象で欠点というマイナスを，「自分のこころのなかを見る目をちゃんと持っている」とプラスに捉え，宝であると価値付けています。マイナスの現象をプラスに価値付け，考え方を変え，その子の人生を変えていくように働きかけています。子どものことを本気で尊敬し，日々子どもを見ているからこそ，このような言葉をおくることができるのです。子どもの現状を否定せず，ありのままを認め共感し，よさを伝え，期待をこめて言葉をおくることで，子どもは今の自分を受け入れ，これから前向きに生きる心の強さや意志の強さが養われていきます。

2　勇気づけの在り方

　実際にどのような勇気づけをしているのかを具体的場面から考えていきます。

⑴　気力を与える勇気づけ

> 　目立つことはあまり好きではないＡさん。Ａさんは，２学期黒板係になり毎日放課後，黒板にイラストやみんなへのメッセージを書いている。

　係活動において，日常でもよく目にする場面。Ａさんは，この係活動を行うために，みんなに書いて欲しいイラストを聞いたり，普段からみんなのことをよく見たりしています。そして，何よりも行動からみんなのことが大好きであることがよく伝わってきます。きっとそんなＡさんだから，この係活動を毎日違うイラストやメッセージを書き続けることができるのでしょう。そんなＡさんにこんな言葉をかけてい

ます。

> 　いつもありがとう。Ａさんのおかげで，みんなが登校したときに，今日も一日がんばろうという気持ちになれます。ありがとう。

　そう言うと，Ａさんは笑顔を返してくれました。

　次の日の朝，クラスみんなにＡさんの行動を話し，みんなからＡさんに拍手をおくりました。Ａさんは，昨日以上の笑顔をしていました。言葉だけでなく拍手，笑顔なども気力をあたえる勇気づけになります。それからも，放課後に黒板にイラストやメッセージをかくＡさんに対して，「ありがとう」という言葉をかけ続けています。「ありがとう」という言葉は何度言われてもうれしいものです。「自分が言われてうれしい言葉は何か」というテーマで子どもたちが話し合いをすると，毎回「ありがとう」は上位にきます。今回具体的場面にとりあげた以外にも，日常の当たり前と思われる行動が多くあります。そういった場面を見かける度に「ありがとう」という一言をかけています。

(2)　人を育てる勇気づけ

　わたしの勤務する地域では，春と秋，年に２回の陸上大会があります。５年生になるまで，毎回陸上大会に参加していたＢさん。５年生の春の大会に参加することを悩んでいました。同じリレーメンバーの子どもたちに声をかけられても表情は冴えません。習い事等本人を取り巻く環境の変化，何よりＢさんは勝敗へのこだわりが強く，陸上という実力差が目に見えて分かる中で，自分があまり走るのが速くないと自覚しており参加しないと考えているように感じました。Ｂさんの様子を見て，こちらから言葉をかけず待っていました。数日後Ｂさんは，わたしに今回は参加しないことを伝えにきました。

> 　言いにくいことも伝えてくれてありがとう。Ｂさんは自分と向き合う

ことができる人ですね。考えて，考えぬいて自分のことを決めたことが，あなたにとって宝です。立派な人です。Bさんの気持ち，よく分かりました。これからのBさんの成長を期待しています。

Bさんはほっとした表情で「分かりました」と言い，その場を去りました。わたしに理由を聞かれるのではないか，出場するように言われるのではないかなどの不安を持ちながら，勇気を出してBさんはわたしに伝えにきたと思います。その思いにも共感し，参加する・しないということではなく，本人が自分で考え続けたことのよさを伝え，人としての成長を期待して全力で言葉を伝えました。

　その後，Bさんの日々の生活の中のよさを価値付け，言葉がけをしていきました。そして，秋の陸上大会には自分から参加申込をし，日々練習に励んでいます。

（髙井　伸輔）

まとめ

① 　当たり前に目を向け，子どもたちのその行動の思いや背景を考え，読み取るようにする。
② 　人を育てるという意識を持ち，子どもたちの今を受け入れ，教師の思いをのせて言葉がけをする。

【参考文献】
・赤坂真二（2010）『先生のためのアドラー心理学　勇気づけの学級づくり』ほんの森出版，pp.44-66
・東井義雄・米田啓祐・西村徹（2007）『東井義雄一日一言　いのちの言葉』致知出版社，p.189
・東井義雄（2001）『東井義雄「こころ」の教え』佼成出版社，pp.45-49

6 大切なフォローの言葉がけ

1 フォローとは

　上條晴夫（2007）は，フォローを次のように定義しています。

> 　フォローとは，対応の技術である。特に教師が子どもに何かを教えているときに子どもの中に生まれる気持ちや考え，両者の間に起こる心の変化に関する対応の技術である。

　また，菊池省三（2021）はフォローの視点を以下のように述べています。

> 　その子の思考プロセスにも目を向け，共感し，さりげなくフォローしながら失敗感を与えないようにします。子どもが発言したら，量の多さや質の高さ，声や態度など非言語の部分でよかったところ，熱意，過去と比べた伸びなどをほめて認め，握手などのスキンシップや拍手で，学級全体を巻き込んで受け止めるようにします。

　安心感のある教室をつくっていくためのフォローであり，個人の成長に働きかけていくためのフォローでもあります。子どもたちを見て，気持ちを考え，そしてその子の個性や様子に合わせたフォローをする必要があります。

　この項目では，大きく分けて3種類のフォローについて考えていきましょう。

```
① 教室に安心感を生み出すフォロー
② 人を育てるフォロー
③ 視座の転換をうながすフォロー
```

(1) 教室に安心感を生み出すフォローについて

```
T 「この問題が分かる人？」「はい，○○さん。」
C 「分かりません。」
T 「ほかに分かる人はいますか？」
```

普段の教室で何気なく目にするこの風景ですが，「分かりません。」と言った子どもたちの気持ちを考えたことはありますか？

「一生懸命に考えたけど，思いつかなかった。大好きな先生が聞いてくれたのに，答えられなかった。みんなに笑われる。もう発表しないでおこう。」

マイナスの感情が胸の中に渦巻いているかもしれません。失敗したと思っているかもしれません。そこを救ってあげる，間違えてもいいんだという安心感を作り出すことが教師の仕事です。そして，それが教室に安心感を生み出すフォローです。失敗感を与えない。次も挑戦してみようと思えるフォローです。

「分かりません。」と言った子に教師はどうフォローしますか？どんな言葉がけをしますか？

(2) 人を育てるフォローについて

東井義雄（2001）は，子どもを愛するということを次のように書いています。

子どもを愛するということは，具体的には，子どもの何をどうすることなのだろうか。それは，子どもの生活を大事にしてやること，子どもの生活をもっと美しいもの，もっとほんとうのもの，もっと力強いものに太らせてやることだと言えないだろうか。子どもの命をいとおしみ，磨き，育てていく。これが子どもを愛することだと言えないだろうか。

　人を育てるという大きな目標の土台には，大きな愛があります。子どもたちの生活をもっとよりよいものにしたい。人を育てるフォローの根底には，その人への大きな愛があります。その愛を持った人から発せられる言葉自体がフォローになります。子どもたちが何かを体験したとき，その子の心の中を想像し，どのような願いをもって，言葉をかけるのか。それが人を育てるフォローです。

(3)　視座の転換を促すフォローについて

　視座の転換について，野口芳宏（1993）は以下のように述べています。

　どうしてもそりがあわない保護者の方と関わるときに老師は，「摩擦はすき間のないところに生ずるものだ。せめて一ミリでも上に立て。そうすれば，相手がかわいそうに見えてくる。」
　とおっしゃっていました。
　教訓とか説諭が本当に功を奏するということ，教えられる側の血や肉となるような，そういう言葉というもののひとつに，自分の立場を移動して見せること，つまり視座を転換させるということがあるようです。

　子どもたちは様々なことを体験し，時には喜び，時には悲しみながら日々過ごしています。その子が人生を前向きに力いっぱい歩んでいけるようにどのようなフォローをするか。それが視座の転換を促すフォローです。

2 フォローの在り方

　実際にどのようなフォローをしているのかを具体的なやりとりから考えていきましょう。

(1)　教室に安心感を生み出すフォロー

> 　5年生の算数の授業の時です。発表の時に固まってしまうＹさん。立つと頭の中が真っ白になるそうです。
> 「Ｙさんどうぞ。」
> 　しばしの沈黙のあと，「分かりません。」と声を出してくれました。

みなさんなら，ここでなんと声をかけるでしょうか。
重要なポイントは3つあります。

> ・その子の内面を見る
> ・失敗感を与えない
> ・周りの子どもたちを巻き込むことで，学びを広げていく

　一生懸命に考えようとする姿勢が目に表れていました。そして，自分の意志で「分かりません。」と言ってくれたことは，ちゃんと分かりたいという思いの表れであるとその子の行動から読み取りました。

> 　「一生懸命に悩んだんだよね。それでいいんだよ。学校は悩んで考える力をつけるために来てるんだ。世の中の科学の進歩はすべて分からないから始まったんだ。あなたがそう言ってくれたことで全員で分かり合うことができるでしょう。みんなが成長するきっかけをくれてありがと

> う。大丈夫。必ずみんながフォローしてくれるから。そこで分かればいいんだよね。」

　すると周りの子どもたちがYさんに「ありがとう。がんばったね。」と声をかけ，一斉に手を挙げてくれました。みんなで教え合って，教室が笑顔であふれました。そのあと，何度か分かりませんとYさんは言っていましたが，ある時変化が表れました。「発表が上手になる本」を読み始めたのです。友だちと練習をする姿も見られました。

　そして，ついにみんなの前で堂々と自分の意見を話すことができるようになったのです。

　そのあと，Yさんはこう語っています。

> 　前までは，発表できない自分がつらかったし，周りの友だちにばかにされるのではないかと思うと固まってしまっていました。でも，周りの友だちが助けてくれて，分かりませんも立派な意見であると気づいた。だからこれからは堂々とみんなのために自分の意見を言いたいと思う。

　Yさんの内面を読み取り，失敗感ではなく意味や価値を伝えて，周りも巻き込んでいくフォローは教室に安心感を生み出しました。そうやって，心理的安全性が高まっていくのかもしれません。

⑵　人を育てるフォロー
　ある東井学級（2001）の4年生の児童の作文である。

> 　ぼくは，2，3年生の時にいじめられていた。学校中逃げ回ったこともある。ぼくは，運動会が苦手だ。50メートル走の時に，ビリになってにやにやしながらかけあしをした。今から考えると一生懸命に走ればよかったと思う。

この作文に対して，東井は以下のようにコメントを返しています。

　ビリであるということは，ちっともはずかしいことではない。走ることに限らず，生きていく間には，いろんなことでビリを走らないといけないことがあります。ビリの味のわかる人間でなければ，困っている人，弱い人，貧しい人の気持ちなんか，絶対にわかるものではありません。とにかく，ビリになっているときは，その人にとって得難い勉強の機会を与えられているときです。

　あなたの「走ることがおそい。」というねうちを，あなたのすべてのすぐれたところにも活かしてほしいです。一番も二番も三番もビリのおかげでなれているのです。堂々とビリを走ることができるようにしましょう。

　この東井のフォローには，この子に立派な人に育ってほしいという願いが込められています。「ビリ」という一見マイナスに見える現象も考え方を変えて，その子の人生にプラスになるように働きかけています。何事も勉強の機会と捉え，自分の人生や考えを太らせていくように声をかけるのは，まさにその子への大きな愛が根底にあるからだと考えます。

　１年生を担任したときのことです。音楽会に向けてのオーディションがありました。２人の児童が終わった後に握手をして，ハグをしていました。
　このエピソードをクラスに紹介し，「この２人のすごいところはどこか？」と問いかけました。

C　「いい音楽会にしようと思って，２人ともがんばったから仲良しになれたのだと思う。」
C　「２人がけんかするのではなく，努力したことを認め合えたからもっとこれから成長していくと思う。

T　そのとおりですね。2人ともみんなでいい音楽会にしたいと思って，一生懸命にがんばってくれたことが1年生みんなにとってすごくうれしいことですよね。少しの悔しさと相手の努力を認められる気持ちをいつまでも大切にしてくださいね。その宝物を手に入れた素晴らしい勉強の機会でした。その強い心をみんなで学びましょう。

　勝ち，負けを超えた大きな心の成長を2人のやりとりから感じました。2人の努力をお互いに見合ってきたからこそ，気持ちのいいやりとりがうまれたのかもしれません。そこを子どもたちと共有し，その子の心を育てていくことで人としての成長につながっていきます。

(3)　視座の転換を促すフォロー
　東井学級の6年生の児童の作文です。

　小さな勇気を育てるという3学期の目標を立てたのに，全然実行できません。いくらでも発表をするチャンスがあるのに発表しない。自分でもこんな性格ではだめだと思いながらも一日一日を粗末に過ごしています。するとなんだか毎日がつまらないなあと思ってしまうのです。わたしには，「今日は楽しい一日だったな。」と思える日が最近まったくありません。

この作文に対して，東井は以下のようにコメントを返しています。

　あなたが厳しく自分の弱い心を叱りつけているその真剣さに感心しました。自信を失うほど自分を見つめているその真剣さは立派なことだと思います。悲しくなる時も自信を持ってください。自分でしようと思っていなくても，眠っている真っ最中でも息をすったり，吐いたりしている。ものを食べると，それが血になり，肉となる。あなたが生きている

ということはあなたが気づいているよりももっともっと素晴らしいことなんです。自信がなくなったとき，先生はこういうことを思うと元気が出てくるんだが，なんだかうまく言えないのでもどかしい気がします。発表なんかそんな世の中が暗くなるほど大きな問題ではありませんよ。

人は悩んでいるときに，視野がせまくなり，落ち込んでしまうことがあります。この児童は発表について悩んでいます。しかし，東井氏は今生きていることに目を向け，その素晴らしさに比べたら発表など大した問題ではないとコメントしています。生きていることの自覚に視座の転換をしたわけです。生きていることはただごとではない。生かされていることのありがたさに目覚めさせるフォローです。前向きに力強く人生を歩んでいける人に育ってほしい。そして，どんなことも見方や考え方を変えれば乗り越えられる。そんなことをその子の思いに寄り添いながら伝えています。

1年生を担任したときの給食の場面です。
食べ残しが多いことについてクラスのみんなで考える機会がありました。

絵本の『いのちをいただく』を読み，いのちの重さについて考えました。
　すると，子どもたちが「話し合う時間をください。」と言ってきたので任せてみました。子どもたちは絵本を持ちながら，話していました。

C 「なぜ，みいちゃんは食べられるのに虹色のなみだを流したんだろう。」

C 「食べられるみいちゃんはうれしかったのかな？かなしかったのかな？」

C 「みいちゃんの飼い主は命を大切にしていると言えるのかな？」

　自分たちで問いを立てて，それぞれに意見を言い合っていました。自分たちで食べ物についての考え方や価値を深め合えるすてきな時間になりました。

　最後に教師から以下のような話をしました。

　みんなが話していたように，今日の給食に出ている牛肉は，たくさんの思いがつまっています。お話に出てきたような牛を育てる人，牛さんを解体してお肉にする人，そして何より牛さんの命。そして，牛さんが食べてきた植物さんたちの命。みんなの口に入るときにはたくさんの人の思いや命が体の中に入っていきます。そして，君たちは今生きている。生かされているのです。そのことに感謝を込めていただきましょう。

　すると，給食当番の子たちが「いただきます」のセリフを変えました。
「いろんな生き物たちやいろんな人たちに感謝を込めて，いただきます。」

　子どもたちなりに話し合いを受けて，考えて変わっていこうとする姿勢が見えました。目の前にある食べ物についての視座が転換された時間になりました。教師からきっかけの絵本を紹介し，子どもたちがお互いに話し合いながら，自分たちなりの答えを探していくことができました。食べ物への思いをこれからも前向きに考えていってほしいです。　　　　　　（岡　　佑樹）

① 　教室に安心感を生み出すフォロー

　子どもたちに失敗感を与えず，子どもたちのつながりを生み出す。そのつながりが太くなっていくことで教室に安心感を生み出す。

② 　人を育てるフォロー

　子どもたちの人生をよりよいものにしていき，考え方や学び方を向上させる。成長し続ける人を育てる。

③ 　視座の転換を促すフォロー

　子どもたちの悩みに寄り添いながら，新しい角度の視点を伝え，前向きに生きていこうとする背中をおす。

【参考文献】

・野口芳宏（2004）『言葉で子どもがこんなに変わる』明治図書，pp.56-60
・菊池省三（2021）『一人も見捨てない！菊池学級12か月の言葉かけ』小学館，pp.65-73
・東井義雄（2001）『東井義雄「こころ」の教え』佼成出版社，pp.14-38
・上條晴夫・中村健一（2007）『子どもが納得する個別対応・フォローの技術』学事出版，pp.24-35
・坂本義喜原案　内田美智子作　魚戸おさむとゆかいななかまたち絵（2013）『いのちをいただく　みいちゃんがお肉になる日』講談社

7 子どもに任せる言葉がけのアプローチ

1 幼年期で育まれてきた主体性

　夏休みに兵庫県西宮市のこども園の保育を見せてもらいに行きました。そのこども園では，「解放」という時間がありました。約1時間あまり，園児達は，クラス（年齢）に関係なく，自分がやりたい場所で，やりたい遊びを自由にできます。約束は「園から勝手に出ないこと」「危なくないか，転ばないかなど自分で考えること」「周りの迷惑にならないか自分で考えること」「先生が呼んだら集まること」の4つだけです。園児達はいろんな場所を自由に行き来し，友達とかかわり合いながら，生き生きと遊びを楽しんでいました。園内のあちらこちらに，みんなで育てている生き物や季節を感じさせる植物，園児が興味を持っているものなどが置かれていました。保育者は，子どもの興味や関心を高める環境を整えてはいますが，活動を強制することはありません。主体的な気づきや疑問を大事にし，見守ったり，いっしょに考えたりしながら，子どもに寄り添っていました。私は，中でもA児（3歳）と保育者のやりとりが印象に残っています。A児は，

　「アイスクリーム，こんなんだったけなあ」

とつぶやきながらレモン石鹸をすりおろして泡立て，アイスクリームを作っていました。泡がいっぱいになると

　「見て！」

と保育者に見せに行きました。保育者が

　「うわ，おいしそう！」

とほめるとすてきな笑顔になり，

「これで完成したから，カップに入れたいんだけど？」
と尋ねました。A児は，泡立てた石鹸をどうやってカップに移せばいいか考えているようでした。保育者は，
「どうする。どうしたらいいかなあ」
とA児の思いに共感し，いっしょに考えていました。すると，違う遊びをしていたM児が
「入れてー」
とやってきました。保育者は
「そやね。そうやってお話しするのがいいと思うわ」
と2人がかかわる様子を見守っていました。2人は相談してスプーンを持ってきて，泡をカップに移しはじめました。東井義雄は次のように述べています。

　「学問」の「学」も「問」も，学ぶ側に属するのです。「はてな？」「なぜかな？」という問いを育てるのが授業です。「問」を封じたり，「問」をもっている子どもを脱落させてはいけません。
　『東井義雄一日一言　いのちの言葉』米田啓祐・西村徹　致知出版社

　こども園での保育は，まさに子どもの問いを育てています。保育者は，子どもの問いに寄り添いながらも，子ども自身が考え，自己決定することを大事にしています。だからこそ，気づきや疑問を楽しむ主体的な子どもが育っているのです。
　ところが，こども園で気づきや疑問への主体性を育んでもらった園児が，小学校に入学してくると，学びに受け身になっていくのはなぜでしょうか。
　「小学校は遊びではなく，勉強を教えないといけない」
　「カリキュラム通り進めないといけないから，子どもの気づきや疑問にゆっくり寄り添っている時間はない」
　幼小連携の話し合いで小学校の教師からよく聞かれる声です。確かに学習

内容を計画的に進めていくことも大事です。しかし，教師がカリキュラム通りに教えることにとらわれ，子どもの問いを封じたり，問いを持っている子どもを脱落させたりしていないでしょうか。誰かの気づきや疑問をみんなで考えたり，話し合ったりすることで子どもたちの考えはより深まるはずです。子どもに任せるには「教師が教える」「子どもは教えられる」という教育観をアップデートする必要があると考えます。

　また，幼小連携の話し合いでは
「姿勢よく座れるようにしといてください」
「話がきちんと聞けるようにしておいてください」
といったしつけをこども園にお願いします。確かに，基本的な生活習慣を身につけておくことも大事です。しかし，教師が学習を教えやすいように子どもたちを枠にはめ，統率することが最優先になることで，子どもたちの学びを楽しもうとする主体性を潰してしまってはいないでしょうか。

　さらに，小学校の教師の中には，1年生は逐一指示をしないと動けないと考えている方も多いです。でも，本当にそうでしょうか。1年生の子どもたちは小学校では一番下ですが，こども園ではリーダーとして1年間過ごしてきました。前述した西宮のこども園では，保育者の指示がなくても，年長児達が協力し，てきぱきと給食の準備や片付けをしていました。私の勤める学校に隣接する幼稚園でも，運動会の司会を年長児が立派に務めていました。子どもに任せたり，預けたりするには，まず，教師自身の子どもを見る目を変えていかなくてはいけないと感じています。

2 「放任」と「任せる」は違う

　子どもに「任せる」というのは「放任」とは違います。例えば，子どもたちが作文を書いているときや調べ学習をしているとき，先生方は何をされていますか。丸付けや学級事務など子どもたちの活動と関係のないことをしていないでしょうか。「任せる」とは，教師が何もしないわけではありません。

何もしないのは「放任」です。「放任」していると教室の秩序がなくなっていきます。庄子寛之（2023）は，次のように述べています。

> 　全員が自由だと，誰かの自由を奪っているという事態が生まれてしまいます。学校で言えば，Ａちゃんが
> 「ちゃんと，勉強したい」
> に対して，Ｂちゃんが
> 「毎日，休み時間のように過ごしたい」
> であれば，ＢちゃんがＡちゃんの自由を妨げていることになってしまいます。
> 　子どもに任せても，クラスのみんな全員が過ごしやすい環境になっている，手をかけ，目をかけ，愛情を注ぐことが必要です。
> 『「子どもに任せる」がうまくいかないあなたへ』庄子寛之　明治図書

　前述したこども園の「解放」の時間でも，思い思いの遊びをしている子どもたちを全ての保育者が，手をかけ，目をかけ，愛情を注いでいました。園庭でいっしょに園児と遊ぶ保育者，園児といっしょに飼っている生き物を観察する保育者，レモン石鹸を使った泡遊びに夢中になる園児を見守る保育者，段ボールに色塗りをする園児をほめて，励ます保育者。子どもの中に入り，見守ったり，いっしょに活動したりするからこそ，子どもの気づきや疑問に寄り添ったり，価値付けたりして主体性を育むことができるのです。

3　待つことの大切さ

私がいつも心にとめている東井の言葉です。

> 口で教えることの容易さ，待つことの大切さを知ろう。
> 『東井義雄一日一言　いのちの言葉』米田啓祐・西村徹　致知出版社

でも，待つことは本当に難しいのです。待つことができず，すぐに口を出したり，教えてしまったりします。前述したこども園では，子どもに教えません。子どもが考え，自分自身で自己決定するまで待ち続けます。

　どうして，教師は待つことができないのでしょうか。

　1つは心の余裕です。こちらに余裕がないから，手っ取り早く教えようとしてしまいます。「授業を早く進めたい」「トラブルはさっさと片付けたい」教師の心に余裕がないから，子どもが考える時間を待つことができません。

　もう1つは，教師の考え方です。教師は教える者，子どもは教えられる者という固定観念。教師が指導しないと子どもは悪くなるという偏見。先生のおかげでできたと思われたい自己承認欲求。このような教師自身の考え方が待つことの大切さに気づけなくしてしまいます。

　私が担任した子どもにコミュニケーションをとることが苦手なA君がいました。その年，学習発表会で英語劇をすることになりましたが，A君は練習で自分の台詞を言い出せません。A君が言うのをみんなが待ってくれるのですが，どうしても言い出せません。でも，動作だけはします。そこで，A君が動作をしたらN君が代わりに台詞を言ってくれるようになりました。そんなA君を誰一人として，注意したり，責めたりする人はいませんでした。いつか必ず言い出せるときが来ると信じて，周りの子どもたちもフォローし続けました。そんなA君が予行演習2日前の練習でついに台詞を言ったのです。「Nice to meet you」それは，聞こえないような小さな，小さな声でしたが，初めて自分の台詞を言ったのです。自分事のように一番喜んでいたのは，隣でいつもフォローし続けていたN君でした。その日を境に，A君の声は少しずつ大きくなり，学習発表会当日には，観客にしっかり届く声で演技することができました。学習発表会前日にA君がこんな作文を書きました。

　　みなさんは，今まで協力したことがありますか。ぼくは，今まですぐに協力することが難しかったです。なぜかというと，石みたいになって

しまうからです。

　ぼくは，学習発表会の英語劇で生まれるときの桃太郎役でした。初め
は言うことができなかったです。けど，言えました。

　久後先生やみんなが言うのを待ってくれたり，セリフを変えてくれた
りしたからです。劇を成功させるために，大きな声を出して言おう。

　他にも，ＹさんやＧさんなど，いろいろな人ががんばっていました。

　このように，みんなが協力したからこそ，ぼくたちの劇はだんだんよ
くなってきました。明日は，みんなで協力して，よい発表にしたいです。

　A君は，台詞を言わなければいけないと思っていました。でも，どうして
も言い出せない。A君は苦しんでいたのです。そんな時に「なぜ言わない
の」と誰かが注意していたら，絶対にA君は台詞を言えるようにはならなか
ったと思います。「今日こそ言うぞ！」という自己決定ができたのは，A君
がいつか言えると信じて待ってくれた周りの思いがあったからです。A君は，
その思いをしっかりと感じていたのです。そして，自分自身の成功体験へと
繋げることができたのです。

　待つ時間は，子どもが自分で悩み，思考し，自ら自己決定をする成長のチ
ャンスです。すぐに，口を出したり，教えてしまったりするのは，子どもが
自ら成長するチャンスを奪っていることになるのです。

4　任せることは子どもの成長を信じること

　「任せることは，教えることよりも難しい」と感じています。私も，つい
口出ししてしまい，子どもにやらされ感を与えてしまうことがよくあります。
そんな私に，任せることの大切さを学ばせてくれたのは，10年ほど前に担任
した５年生の子どもたちでした。総合的な学習で年間を通して幼稚園との交
流を行いました。幼稚園交流にあてる時間は20時間の計画でしたが，結局40
時間を費やしました。最初は，「いっしょに遊んで仲良くなろう」や「運動

会の交流種目を楽しもう」など計画や内容などは教師が考えていました。しかし，交流が進むにつれて子どもたちの活動への意欲が高まり，「もっと幼稚園の子を楽しませたい」「こんな交流がしてみたい」と自分たちから意見を出すようになりました。後半は，何をするかも子どもたちが提案し，とことん話し合って計画を立て，実行するようになりました。3学期の交流は，計画では読み聞かせでしたが，「体験入学みたいなことをやりたい」と子どもたちから提案があり，私は，子どもたちに計画や準備を全て任せました。計画の話し合いでは，「小学校に入った時に役立つことをしたらいいと思います」「楽しめて，小学校のことが分かることがいいと思います」など，園児が楽しめるか，小学校に入ったら役に立つかという観点で次々に意見が出されました。最終的に，「幼小交流スタンプラリー」をすることとなりました。国語につながる「しりとり」や「読み聞かせ」，係活動を生かした「手品」「あやとり」，体育につながる「縄跳び」「マット運動」，音楽につながる「リコーダー演奏」「楽器体験」，5年生の名前を確認できる「席探しゲーム」など工夫してポイントを設定しました。

　私は，子どもたちの活動を見守りながら，園児を大切に思う子どもたちの行動や発言を「相手を大事にしているなあ」と価値付け，「楽しそう！きっと幼稚園の子は喜んでくれるよ」「みんななら幼稚園の子に役立つスタンプラリーができると思うなあ」などと期待を込めた声かけをしました。子どもに任せたら，教師は，ほめて，認めて，励まし，一貫してプラスの言葉をかけ続けることです。他者からの期待を受けることでその期待に沿った成果を出すことができる心理効果のことを「ピグマリオン効果」と言います。子どもの成長を信じているからこそ，期待をこめた声かけをすることができるのです。

　1年間の幼稚園との交流を通して，子どもたちは驚くほど他者を大事にする心が育ち，自分たちで話し合い，よりよいものを作りあげていこうとする

主体性が高まりました。

東井は次のように述べています。

> 　教育は，問題をとり除いてやるよりも，問題を与え，それにどう取り組ませていくかが大切。
> 　教育という仕事は，子どもを自分の脚で歩けるようにしてやることだ。
> 　『東井義雄一日一言　いのちの言葉』米田啓祐・西村徹　致知出版社

　子どもに任せると，時間がかかります。そして，必ず問題にぶつかります。正直，教師が教えた方が手っ取り早いです。でも，子どもたちは，問題にぶつかり，失敗したり，苦労したりすることで成長していきます。教師は，子どもの成長を信じて，励まし，寄り添い続けることができるかどうかです。教師が本気で寄り添っていれば，子どもは一生懸命考え続けます。

　必ず成長すると信じ，任せて，寄り添い続ける教師こそが，子どもが自分の足で歩くための生きる力を育むことができる教師なのです。

（久後　龍馬）

① 　子どもの「問」を大事に育てる。
② 　放任せず，手をかけ，目をかけ，愛情を注ぐ。
③ 　待つことを意識し，子どもの自己決定を大事にする。
④ 　子どもを信じて任せ，自ら乗り越えさせる。

【参考文献】
・若松俊介（2020）『教師のいらない学級のつくり方』明治図書
・庄子寛之（2023）『「子どもに任せる」がうまくいかないあなたへ』明治図書
・石川尚子（2013）『言葉ひとつで子どもが変わる　やる気を引き出す言葉　引き出さない言葉』柘植書房新社
・東井義雄・米田啓祐・西村徹（2007）『東井義雄一日一言　いのちの言葉』致知出版社

第3章

子どもの主体性を育む
言葉がけのパターンと実践

1 学級経営における言葉がけ

1 学級経営において大切なこと

> 　学級を１つのチームだと考えてみよう。チームとは何か。目標や意思はバラバラ，互いの性格も腹の中もわからないとあっては，チームとは呼べない。まずは，お互いのメンバーの顔をよく見て，目標とモチベーションと情報を共有し，お互い協力し，助け合う体制ができて初めて，一体感のあるチームになるのである。
> 　また，チームは強力な人材育成システムにもなり得る。

と齋藤孝（2016）は述べています。

　みなさんはどんな人を育てたいですか。そのために，どんな学級（チーム）をつくりたいですか。そのために子どもたちの何を見取りますか。どんな言葉がけをしますか。みなさんと子どもたちの姿から共に考えていきたいです。

　まず，私の学級経営のゴールイメージとして以下の３つをあげます。

---

① 　つながりあい，認め合える学級を目指す。
② 　みんなのことをみんなで話し合ってよりよいものに変えていく学級を目指す。
③ 　友だちの成長も自分事のように喜べる学級を目指す。

まずは，教師と子どもたち，子ども同士がつながりあっていくことで教室に安心感が生まれます。安心感や自信がない状態では，子どもたちも成長しようとはしません。

> 「みんなそれぞれ光を持っている。その光を認め合い，照らし合い，その光が活きる教室にしていきたい。」
> 「自分は自分の主人公。世界でたった一人の自分をつくっていく責任者」

　東井義雄（2020）はこのように述べています。
　子どもたち同士がつながりあい，自分の存在が認められ，力を発揮できる状態にあって初めて本気で伸びていこうという気持ちになります。
　チームで生活している以上，必ず困ったことが出てきます。それについて，みんなで話し合ってよりよい生活に変えていくことができる。自分たちでPDCAサイクルが回せるようになってくると，学級への所属意識が出てきます。

> 「だってぼくたちの学校だからという気持ちをもってください。」

と東井義雄は子どもたちに語っていたそうです。所属意識が出てくると自分たちの学級が大好きになっていきます。
　そして，大好きになってくるともっとよりよくしていきたい，自分だけではなく友だちと一緒に成長したいという意欲がわいてきます。友だちに成長してほしい。そのために自分ができることは何だろう。自分事としてとらえて，人としての成長という大きな目標に向けて，それぞれが努力していくチームになります。

　それでは，どのような言葉がけをしていけばよいのでしょうか。

(1)　つながり合い，認め合える学級を目指すための言葉がけ

> 　個々の行動から，その背景にある子どもの人間的な部分を見つめ，そこに働きかける。発言内容そのものよりも，その発言をした背景にある子どもの人間の素晴らしさを伝える。

と築地久子（1994）は述べています。

　また，築地久子は6年生を担任したときの四月八日に学級通信で次のように書いています。

> 　係を決めるとき，「やる人がいないなら，決めなくていい」と先生に言われた時，立った2人もまた素晴らしい力を秘めた人だ。みんなの窮地を救える人物なのである。この人たちが授業で活躍しないわけがない。耳をすませて，心を傾けて，この二人の発言を聞いてごらん。きっと，新しい道を開いてくれる意見，証拠を必死に述べているのが聞こえてくるはずだ。

　行動の背景にある人間的なよさを明確な言葉で伝えています。その人のよさはなかなか見えない部分ではありますが，築地が言語化し見える化することでほかの友だちもこの2人の良さを味わうことができることでしょう。そして，この2人の意見からみんなで学ぼう，つながり合おうと呼びかけているのです。先生が本当の自分を見てくれている安心感が自信に変わり，友だちとつながろうとする意欲が芽生えてくるはずです。

1年生を担任したときのことです。ある男の子（Ｙさん）が友だち関係で
よくトラブルを起こしていました。Ｙさんは，自分の気持ちをうまく言葉に
できずに困っていたのです。

　彼の将来の夢は消防士です。「みんなを守りたい。」といつも口にしていま
した。その夢に向かってがんばろうとしていることをみんなは少しずつ理解
してきましたが，なかなか友だち関係で悩む日々が続きました。

　ある日Ｙさんが，そうじの時にほうきを出しっぱなしにしていた友だちに
声をかけていました。

「一生懸命にそうじをしていたのはよかったけれど，ほうきをしまえたら
よかったね。」

　すると，それを聞いた友だちは

「言ってくれてありがとう。次から気をつけるね。」

と笑顔で応えていました。

　さっそく，このエピソードをクラスのみんなの前で紹介し，「この2人のす
てきなところはどこでしょう？」と問いかけました。

C 　「友だちのよかったところを言って，次はどうしたらいいかを伝え
　　ていて，友だちの成長を考えて優しいなと思いました。」

C 　「友だちにありがとうを言って，変えようとするところがすごいで
　　す。これから○○さんと○○さんは成長し合えるなかよしになると思
　　います。」

T 　「みんなはＹさんが消防士になりたいことは知っていますよね。い
　　つもみんなのことを守ろうとしてくれるＹさんだから優しく言葉を
　　選んでくれたんだね。そして，「ありがとう。」と素直に言って成長し
　　ようとする○○さんもすてきですね。そして，一生懸命に友だちのい
　　いところを考えて，みんなで成長しようとする1年2組のみんながい
　　るから，2人も成長できたのでしょう。」

友だちのよさを認めて，どうしたらいいかを伝えられるようになったＹさん。それはきっとＹさんの内面の優しさを周りの友だちが認められるようになったからです。Ｙさんの良さを教師が見取って，周りに広げていく。つなげていく。そういった言葉がけをすることで認め合い，成長に向かっていく学級になっていくのです。

⑵　みんなのことをみんなで話し合ってよりよいものに変えていく学級を目指すための言葉がけ

> 　よりよいチームになるには，大前提としてメンバー全員が当事者意識を持つということだ。そして，集団で意思決定をし実行していくことが大切だ。

と齋藤孝（2020）は述べています。
　一人ひとりが，「ぼくたちの学級だから」という当事者意識を持つためにどのような言葉がけをしていけばよいのでしょうか。
　５年生を担任していた時のことです。学級で言葉が乱れているなあと感じたときがありました。その時に，あえてこちらから直接的に言わずに
　「もっとよりよいクラスにするために何をがんばるか？」
　という問いかけをしました。このように問うと「最近言葉遣いが乱れている。」という意見が出てきました。切り口はポジティブにあくまで主体は子どもたちの中から出してもらいたいです。
　ここからは子どもたちと対話的にやりとりしていきました。

Ｃ　「言葉づかいを丁寧にしたい。」
Ｔ　「なぜ，そう思ったの？」
Ｃ　「言葉が乱れていると心の中も乱れていじめが起きるかもしれない。」

> T　「じゃあ，どういうことを意識すればいいかな？」
> C　「相手を大切にするという意識を持って丁寧な言葉を使う。」
> T　「いい言葉を使うとどんないいことがあるかな？」
> C　「将来大人になったときにたくさんの人を幸せにできる。」
> T　「言葉の力って何だろう？」
> C　「人の心を動かす力がある。ナイフにもなれば，ボンドにもなる。
>   その人の使い方次第でいいものにも悪いものにもなる。」

このように
① 問題意識をお互いに持ち合う
② みんなで話し合って解決策を考える
③ 実行する
④ ふりかえる

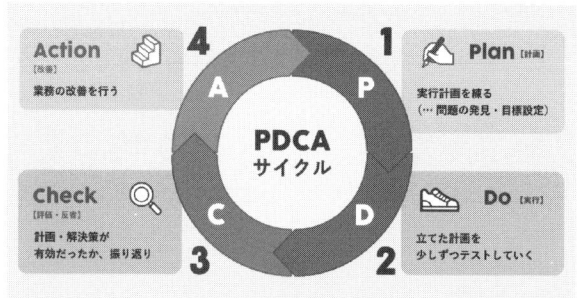

図1　PDCAサイクル

　子どもたちが主体になって考え合い，話し合うことで自分たちでチームをよりよくしていこうという意欲が芽生えました。この後，子どもたちの言葉の使い方がよくなっただけでなく，様々な場面で話し合いを求めるようになり，よりよく改善していこうという空気感が出来てきました。

　子どもたちからの意見を待ち，子どもたちからの問題提起にすることで主体的に子どもたちが考え始めます。そして，みんなのことをみんなで話し合ってよりよく変えていこうという人が育っていくのです。

(3)　友だちの成長も自分事のように喜べる学級を目指すための言葉がけ

　5年生を担任したときです。高跳びの授業でした。

　「先生，話し合いをしたいので，時間をください。」

　Aさんが高跳びの練習でふざけていて，まじめに練習をしていませんでし

た。それを見ていたＭさんがその態度を批判し，練習の空気が悪くなっていたのです。

「全員が成長できる学級にしたいのです。」

とＭさんは提案してくれました。私は子どもたちに任せました。

「自分を振り返って反省しないと何も変わらない。」

「もしかしたら，高跳びができなくてつらかったんじゃないかな。わたしたちも声をかけてあげればよかった。ごめんね。」

「次の練習はみんなが自分の目標にチャレンジできるように練習の仕方を変えてみよう。」

本気でＡさんのことを考えていることが話し合いの雰囲気から伝わってきました。

「絆は目に見えないから心をそろえてがんばれる仲間になろう。」

というＭさんの言葉で話し合いは幕を閉じました。

次の時間のＡさんやみんなのがんばりはすさまじく，友だちの成長に喜び合えた瞬間でした。

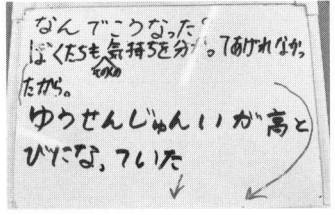
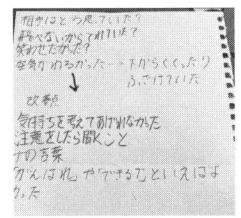

次の日の学級通信にこう書きました。

　　Ｍさんが話し合いを提案してくれました。今の自分たちをより成長させたい。一人も見捨てずに成長したい。だから本気で話し合おう。そういう人がいてくれるからこそ，みんなが一歩を踏み出せたのですね。自分の成長にも友だちの成長にも本気のＭさんのような人がいてくれて，それに応えるみんながいてくれて，先生は本当にうれしいです。

子どもたちに任せて、子どもたちが一歩踏み出したことに感動し、その感動が言葉になって出てきたように思います。

　友だちの成長を真剣に思うMさんのような人が周りの友だちを感化して、この後みんなが友だちの成長を真剣に考えるようになりました。

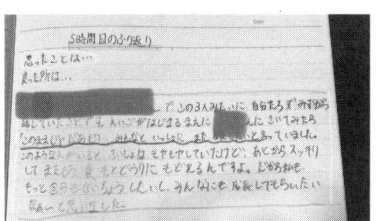

　きっと、読者の皆様のクラスにも友だちが困っていたら助けている人がいると思います。ぜひ、その子に先生方から温かい言葉をかけてあげてほしいです。

（岡　　佑樹）

まとめ

① ゴールイメージに合致した言葉がけ
　　子どもたちとゴールイメージをつくり、共有をする。
② PDCAを意識した言葉がけ
　　よりよいクラスを自分たちでつくる意識を持たせるようにする
③ 学級通信での言葉がけ
　　内面の成長をみんなで共有して、喜び合えるように見える化する。

【参考文献】
・齋藤孝（2016）『人はチームで磨かれる』日本経済新聞出版社，pp.16-66
・東井義雄（1992）『東井義雄「いのち」の教え』佼成出版社，pp.3-32
・落合幸子・築地久子（1994）『築地久子の授業と学級づくり1』明治図書，pp.50-154
・野口芳宏（2015）『学級づくりで鍛える』明治図書，pp.8-104
・有田和正（2011）『学級づくりの教科書』さくら社，pp.64-113
・菊池省三（2014）『菊池省三流奇跡の学級づくり』小学館，pp.14-130

② 学習における効果的な言葉がけ

1　授業中に教師が使う３つの言葉

　菊池省三（2022）は，教師が授業中に使う言葉は「授業内容伝達言葉」「自己表現的言葉」「ファシリテーション言葉」の３つがあると述べています。

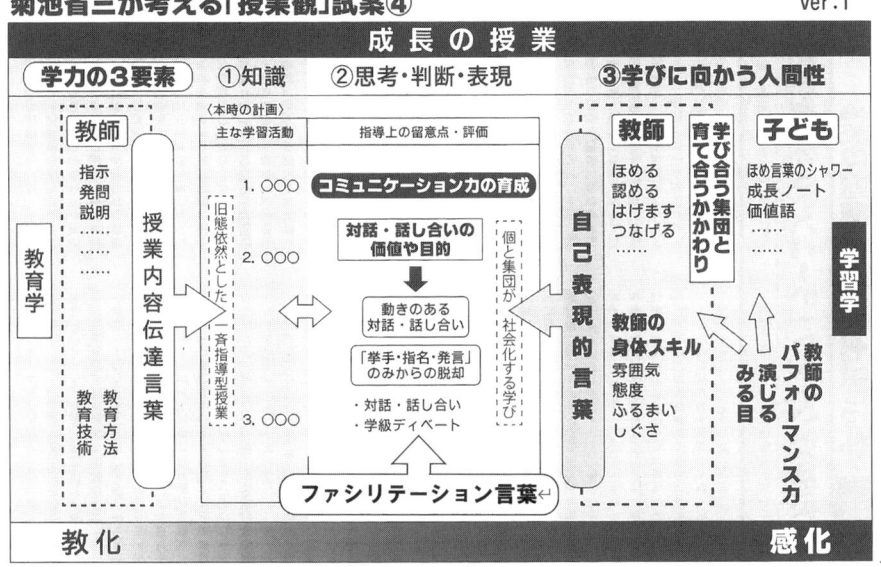

図２：菊池道場兵庫支部秋セミナーin 姫路　菊池省三資料

　「発問」「指示」「説明」からなる「授業内容伝達言葉」はこれまでの多くの先人により研究されてきました。向山洋一は，法則化運動（現 TOSS）を展開し，「発問」「指示」「説明」からなる授業を全国の教師が使える技術と

して体系化しました。子どもが分かる授業をつくるためには,「授業内容伝達言葉」の研究は欠かすことができません。

　しかし,菊池はこれまでの教育は「授業内容伝達言葉」に偏りすぎており,教師の感動からくる「自己表現的言葉」や子どもの思考や学びをつなぐ「ファシリテーション言葉」が軽視されてきたのではないかと言います。教師が教え込む一斉指導のみの授業から脱却し,「主体的・対話的で深い学び」を実現するには,「自己表現的言葉」や「ファシリテーション言葉」にも光をあてる必要があるのではないでしょうか。

2　対話型の授業はフリ・オチ・フォローからなる

　中村健一(2012)は,授業は,フリ・オチ・フォローの繰り返しからなると言います。

フリ	「読みましょう」(指示・発問・説明)
↓	
オチ	音読する(子どもの反応)
↓	
フォロー	「いい声です」「そろっています」(ほめる,認める,励ます)

　フォローがなく,フリとオチのみで淡々と進む授業を見ることがあります。教師のフォローのない授業では,子どもの表情は曇り,教室が固くてどんよりとした空気に包まれています。反対に,教師のフォローが豊かな授業では,子どもの表情が生き生きとしており,教室が柔らかくてあたたかい空気に満ちています。フォローの中心は,教師の感動からくる「自己表現的言葉」です。「なるほど」「がんばってるなあ」「良く考えたなあ」「○○さんらしい」「そうきたか」「先生も思いつかなかった」など,ほめ言葉や励ましの言葉が子どもの心に届きます。フォローが豊かな教師は,イレギュラーな発言に対

しても「なるほどね。○○と言うことだよね。よく考えているなあ」などと子どもの考えを言い換えたり，補ったりして，失敗感を与えません。

このような「自己表現的言葉」でフォローできる教師は，いつも子どものよさを見取ろうとしています。子どものことを心から尊敬できるまなざしを持っています。このような教育観が根底になければ，子どもの心に響く言葉がけはできません。

3 「ねうちづけ」によるフォロー

東井義雄の『手袋を買いに』の授業には「ねうちづけ」というフォローが多く出てきます。東井は，子どもの優れた見方や考え方，学びのあり方を取り上げて，みんなの前で価値づけることを「ねうちづけ」とよんでいます。東井の国語の授業は，子どもたちの気づきをやりとりによって読み深めていく対話型の授業です。東井は，1時間の授業の中で「ねうちづけ」のフォローを何度もしています。

「今，辰ちゃんがみつけたところは，お母さんらしいところとは，別なところだったんだけど，みんなが三年生になってからはじめて見つけてくれたねうちのあるところです。これは，四年生が勉強することなんだけど，それが，ちゃんと見つけられるようになったんだな。これからは，他の人も，本を読んでいて，話が変わるところに気をつけるようにしてください。この『手袋を買いに』も，読んでいくと，また，話が変わってくるところがあるからね。この時間は，みんな，ずいぶんいいことをたくさんみつけてくれたよ」

「その言葉のほんとうのわけが分かりたかったら，その言葉だけを考えていないで，もっとはじめのところからよく考えて読んでいかなければならない。なるほどな。三年のちびのくせに，えらいことを見つけ出

したもんだなあ」

　「でも，みんな考えることがとってもうまくなったよ。たっちゃんの
考え，たけるちゃんの考え，美之ちゃんの考え，みんなほんとうにすば
らしいよ。それから，たけるちゃん，美之ちゃんの勉強の仕方には，た
っちゃんとちょっとちがうねうちがあったと思うんだが，他のみんなは
気づいたかい？それでは，先生がいうよ。たけるちゃんや美之ちゃんは，
はじめの人が言ったことをよく考えて，そのねうちをよくわかって，そ
の考え方の足りないところも考えて，もっとねうちのある考えにして，
みんなに分けてくれた，これはとてもねうちのある勉強の仕方なんだ
よ」
　　『東井義雄子どものつまずきは教師のつまずき
　　　主体的・対話的で深い学びの授業づくり』豊田ひさき　風媒社

　読みを深めるための重要な見方，考え方を教師がほめて，認めて，価値付
けることで，一人の学び方が学級全体に広がります。子どもの思考や学びを
つないでいるのです。このような東井の「ねうちづけ」は子どものやる気に
火をつける「自己表現的言葉」であると同時に，子どもの思考や学びをつな
ぐ「ファシリテーション言葉」の役割も果たしています。

4　「攻め」の授業から「受け」の授業へ

　数年前，新任の時から学び続けている恩師に研究授業を見ていただきまし
た。授業後に『あなたの授業が「受け」の授業になってきたね』と声をかけ
ていただき，胸が熱くなりました。
　しかし，私は最初から「受け」の授業を目指していたわけではありません。
私は分かる授業をして子どもに力をつけることのできる教師を目指してきま
した。そのため，無駄な言葉を削り，明確な指示や発問を心がけ，「授業内

容伝達言葉」にこだわってきました。また，授業のリズムやテンポ，子ども
たちへの目線など自分の教育技術を磨いてきました。学び続けることで，子
どもたちからも「先生の授業は分かりやすい」と言ってもらえるようになり，
自分でも授業力がついているという実感がありました。ただ，私が行ってき
た授業は，教師が分かりやすく加工した学習内容を一方的に教える「攻め」
の授業でした。そのため，私の学級の子どもたちは，知らず知らずの間にレ
ストランでおいしい料理を待つだけの受け身の状態になっていたのかもしれ
ません。私が分かりやすく加工すればするほど，自分で料理をしようとしな
い子どもを育ててしまっていたのかもしれません。

　そんな時に見たのが菊池省三の授業でした。「自己表現言葉」で子どもの
やる気に火をつけ，「ファシリテーション言葉」で子ども同士の学びをつな
いでいく。1時間の飛び込み授業で，教室の空気感や子どもたちの表情や動
きが一変しました。子どもの学びたい気持ちに火をつけた授業でした。

　そして，菊池の授業を分析する中で，全ての出発点が「受け」であること
に気づきました。まずは，教室の空気感や子どもの発言，動き，表情，思考
などあらゆるものを見取り，感知し，キャッチする。そして，受けたことに
応じて多様な働きかけで返していく。菊池の授業行為の始まりは全て「受
け」なのです。だからこそ，子どもたちとの対話ややりとりが呼応している
のだと気づきました。

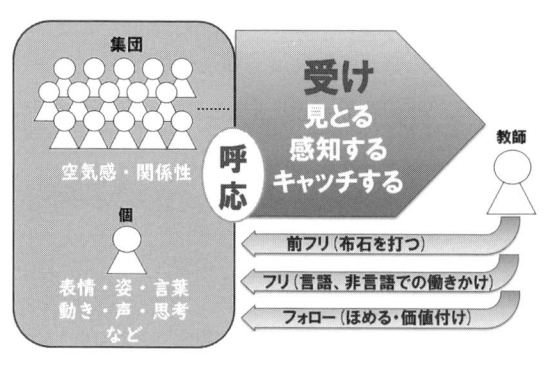

図3：「受け」の授業

　東井は「授業に既製品は
ない」と述べています。授
業は，子どもとのやりとり
でつくっていく生もので
す。教師は，自分の中に子ども
の機微をも受けることので
きる良質なセンサーを磨い
ていかなければならないの
です。

5 「ねうちづけ」の言葉がけを意識した授業の在り方

　私が行った『注文の多い料理店』（東京書籍５年）の授業を振り返りながら，「ねうちづけ」を意識した効果的な言葉がけについて考えていきます。

(1) 授業冒頭の「ねうちづけ」で教室の空気をあたためる

　授業開始と同時に黒板に問いを書きました。
　「宮沢賢治はどんな人がだめだと考えてこの話をつくったのだろう」
　板書の途中で子どもたちの方を振り返り，

> 　「Ａさん，ちゃんとここ（チョークの先）を見てるんだ。もう，読んでるんだね。さすが！」

とチョークの先を見ているＡさんをほめました。些細なことでも子どもの姿を見とり，「ねうちづけ」をすることで子どもの顔が上がります。みんながＡさんのようにチョークの先を見るようになります。
　「読みましょう。さんはい」

> 「声がそろってるなあ。そろえるときはそろえる，大事です」

　教師が発問を一切言わずに，子どもに読ませました。子どもに活動させて（フリ），ほめる（フォロー）ためです。フリとフォローはセットと考えれば，フリの後，必ず子どものよさを見取ろうとします。このような意識のある教師は，自然とほめ言葉も増え，教室の空気があたたまってきます。

(2) 「前フリ」による「ねうちづけ」で安心感ややる気を高める

　「宮沢賢治はどんな人がだめだと考えてこの話をつくったのだろう」

この問いは，多様な子どもの考えを引き出して思考を拡げる拡散的発問です。私は，一番前の席のＡちゃんと目線を合わせ次のように尋ねました。

> 「Ａちゃん，今から自分の考えをノートに書いてもらうけど，それぞれ違っていてもいいですか？」
> Ａちゃんが頷きます。
> 「そうだよね。ひとりひとり違っていいんですよね。ひとりひとり違っていろんな考えが出てくるからおもしろいんだよね」

そして，黒板の左端に「ひとりひとりちがっていい」と書きました。このように大切にしたい学びのあり方を黒板の端に書いて見える化する手法を菊池省三は「５分の１黒板」とよんでいます。黒板の端に書いたことを教師がたびたび取り上げてねうちづけすることで，共有したい学びのあり方が子どもたちに浸透していきます。授業内容をアプリだとすると，「５分の１黒板」はそれらを動かすための OS のような役割を果たします。

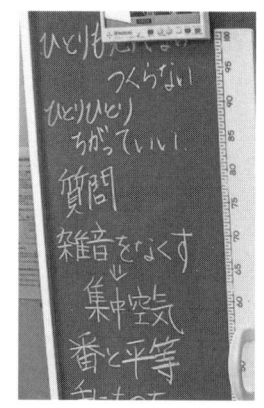

また，この場面では，「ひとりひとりちがっていい」という学びのあり方を教師が子どもたちに直接話すのではなく，Ａさんとのやりとりを聞かせることで伝えています。この授業において軸となる学びのあり方だからこそ，教師が一方的に押しつけるのではなく，やりとりを聞かせて子どもたち自身につかみ取らせたいという思いがありました。

「ひとりひとりちがっていい」というねうちづけにより，子どもたちは安心して自分の考えをノートに書くことができます。「ねうちづけ」は見取った子どもの姿を価値付けることが多いですが，活動前に学びのあり方をおさえることも初期の段階では有効です。このようなフリの前に安心感を与えたり，やる気を高めたりする言葉がけを「前フリ」とよんでいます。

ノートに自分の考えが書けた子から教師に見せ，黒板に書かせていきました。「前フリ」の効果もあり，多様な考えが黒板にずらりと並びました。

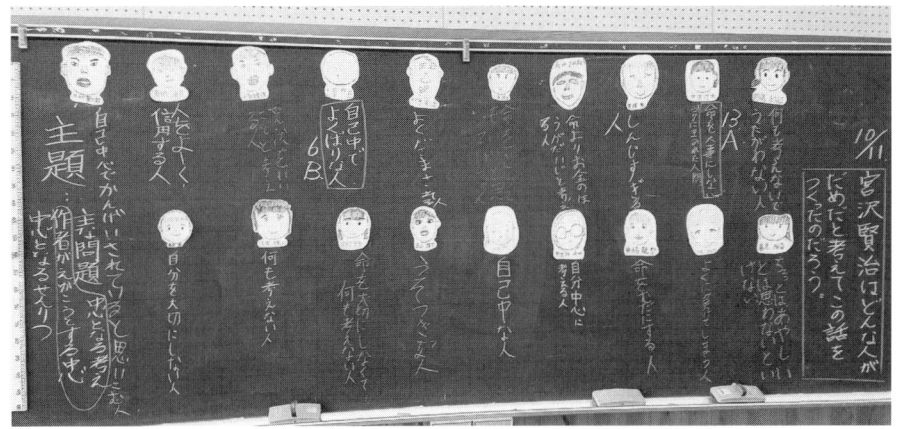

(3)　対話中の「ねうちづけ」で対話を活性化する

　黒板に書かれた意見には，一人ひとりの自分らしさが溢れています。それらを対話により深め合います。

　「自分らしい意見がたくさん書かれました。質問し合って深め合いましょう。何でそう思ったのと友達と質問し合います。できるだけたくさんの人と考えを聞き合いましょう」

　子どもたちは自由に立ち歩いて対話をはじめました。私は対話中，俯瞰的に子どもの姿を眺めることが多いです。子どもの対話中のかかわり方を見取り，価値付けるためです。この場面では，対話に少し出遅れた控えめの女の子Hさんが自分からR君に声をかけるのが目にとまりました。

　「ごめん，ちょっとストップ。ストップ。こちらを向いてくれますか」

　対話している子どもたちにストップをかけ，HさんとR君に近づき2人に注目させます。

　「今，HさんはR君が相手を探していることに気づいてさっと自分か

ら行って声をかけました。Ｒ君も近づいてきたＨさんに気づき対話をはじめました。男女のつまらない壁なんて壊して誰とでもさっと対話できる２人，すてきですね。ここで拍手！」

みんなから２人に大きな拍手が起こります。
そして，次のように期待を込めて活動を再開させます。

「この後，みんながＨさんやＲ君のようにつまらない壁なんて壊して，対話がさらに盛り上がると期待していいですか？では，続けましょう」

このように活動を途中で止めてねうちづけのフォローを入れることで，誰とでも積極的に対話しようという学びのあり方が全体で共有されます。そして，期待を込めた言葉がけで対話活動を再開させることで，対話がさらに活発になっていきます。
　子どもたち同士の対話を重視した授業になればなるほど，教師のファシリテーター的役割が重要になってきます。子どもの発言，動き，表情，思考などを見取り，「ファシリテーション言葉」により子どもの思考や学びをどのようにつなげるかが教師に求められるのです。

(4)　点ではなく，線の「ねうちづけ」で学び方を身につけさせる
　「物語には，主題があります。主題ってどういうことでしょう」
　Ｆさんがすかさず国語辞典を取り出して調べはじめました。

「Ｆさん，速い！言葉にこだわっていますね。分からない言葉に出会ったら辞典で調べる，さすがです。調べた人は立ち上がって読みましょう」

見つけた子どもからどんどん立ち上がって意味を読んでいきます。

「速い！１番，２番……」

　これも「ねうちづけ」です。４月に初めて辞典を使わせて以降，自分から辞典を出す子がいると「言葉にこだわっているなあ」「言葉を大事にしているなあ」などと繰り返し「ねうちづけ」してきました。身につけさせたい学び方は，長期的に「ねうちづけ」を繰り返すことで，子どもに定着していきます。２学期にもなると「『主題』の意味を調べなさい」と指示しなくても，自分から調べようとする子がたくさん出てきます。

　このように子どもが学び方を獲得し，主体的に活用できるようになるためには，教師がきっかけをしかけ，繰り返し「ねうちづけ」をしていく必要があります。点ではなく，線の言葉がけで子どもを育てていく意識が大切です。

(5)　教科の見方・考え方を「ねうちづけ」，深い学びにつなげる

　互いの意見を交流して終わってしまう授業はよくあります。しかし，意見の交流で終わっては深い学びにはたどり着けません。私は，子どもたちが黒板に書いた意見から２つを取り上げ，「注文の多い料理店」の主題はどちらがふさわしいのか話し合わせました。

　「この物語の主題は，Ｈさんの書いている『命をそまつにしてはいけない』でしょうか。それともＧ君の書いている『自己中でよくばりをしてはいけない』でしょうか。「命をそまつにしてはいけない」の人はＡ，『自己中でよくばりをしてはいけない』の人はＢとノートに書きましょう」

　このような子どもの考えを束ねていく収束的発問に向かうときは，立場をはっきりとさせることが大切です。立場をはっきりとさせた上で，私は，よく次のような言葉がけをします。

　「Ｍ君，ＡかＢ，どちらが多いと思いますか」
　「Ａが多いと思います」
　「Ｒ君は？」
　「Ａだと思います」

些細な言葉がけですが，このクラスではどちらが多いかを予想させること
は，友達の考えに興味を持たせ，みんなで学んでいるという学級への帰属意
識を高めると感じています。
　立場をはっきりさせたら理由を書かせ，同じ立場の人で集まって作戦タイ
ムの時間をとります。作戦タイムをしている間にチャイムが鳴りました。

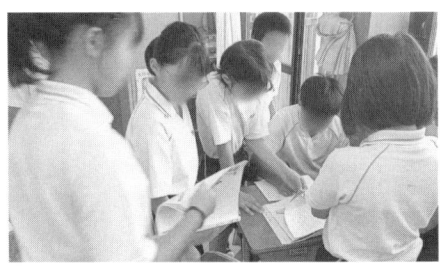 

　次の時間，いよいよ討論です。まずは，互いの意見を出させます。どちら
も作戦タイムで話し合った根拠がたくさん出されました。
　「『しかのよこっぱらにうちこみたい』と書いてあるので，命を大事にして
いないからAです」

　「さすが，教科書から証拠を見つけていますね。文や言葉から根拠を
　見つけるから説得力があるよね」

　教科書の文や言葉から根拠を見つけるという「ねうちづけ」も，４月から
繰り返してきたことです。このような「ねうちづけ」を繰り返すことで，自
分の想像で根拠を述べた子に対し「どこに書いてあるんですか。想像ですよ
ね」と突っ込む子どもも出てきます。
　Aの子どもたちからは
　「犬が死んだときに損害ばかりを考えているから命を大切にしていない」
　「狩りをすることが命を大事にしていない」
などの意見が出されました。
　Bの子どもたちからは

「すぐにお金のことを考えるのは自己中でよくばりだ」

「最後まで自分たちが食べることばかり考えて，だまされていることに気づかないのは，自己中でよくばりだからだ」

などの意見が出されました。

「お待たせしました。質問や反論をしましょう」

討論で論点になったのは，犬が死んだことに対する2人の紳士の考え方でした。しかし，そこの部分だけでは，どちらの主張も説得力に欠け，話し合いがかみ合わず，混沌としてきました。私のファシリテート力のなさが原因です。でも，そんな中，Bの考えを先頭に立って主張していたG君が

「おれ，すごいことに気づいたかも……Bは違う……」

とつぶやきました。そして，

「BだったけどAに変わります。なぜなら，もしもBだったら2人の紳士は山猫に食べられて終わるはずですよね。でも，2人とも，死んだはずの犬に助けられて東京に戻っています。犬も死んでいなかったし，自己中で欲張りな2人の紳士も命を助けられたっていうことは，命をそまつにしてはいけないということだと思います」

「あー」

「なるほど」

あちらこちらで，納得するつぶやきが聞こえてきます。

「リアクションがいい！ちゃんと，友達の意見を聞いて考えている証拠だね。考えを分かち合って，磨き合ってるなあ。G君，すごい！討論の神やなあ。自分とは反対の立場で考えることは，めちゃくちゃレベルの高い学び方です。それで考えてみて自分が違うと思ったら潔く変わる。G君は考え続ける強い学び手です。これは，拍手するしかないよね」

みんながG君に大きな拍手を送り，全員が納得してAに変わりました。

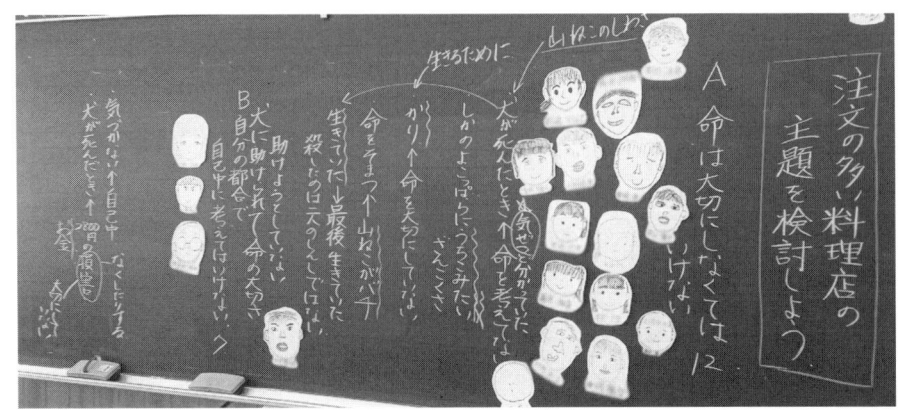

　対話的な学習をするために話し合いや討論を取り入れた授業はたくさん行われています。でも，子どもたちが何のために話し合っているのか，考えたことがあるでしょうか。

　対話の目的を子どもたちと共有せずに手法だけを取り入れていると，自分の意見ばかりを主張して，相手を論破することが目的になってしまいます。話し合いは，互いの考えを分かち合い，磨き合い，より深い考えにたどり着くためにしているということを様々な授業の中でねうちづけ，学級全体で共有することが主体的・対話的で深い学びを追究していく上での出発点ではないでしょうか。

（久後　龍馬）

 まとめ

① 「自己表現的言葉」や「ファシリテート言葉」を意識する。
② フリ，オチ，フォローの対話を意識する。
③ 子どものよさを見取り，「ねうちづけ」をする。
④ 「攻めの授業」から「受けの授業」へ。

【参考文献・引用文献】
・菊池省三（2022）『授業を変えよう』中村堂

・中村健一（2012）『学級担任に絶対必要な「フォロー」の技術』黎明書房
・豊田ひさき（2018）『東井義雄 子どものつまずきは教師のつまずき―主体的・対話的で深い学びの授業づくり』風媒社
・若松俊介（2020）『教師のいらない授業のつくり方』明治図書
・庄子寛之（2023）『「子どもに任せる」がうまくいかないあなたへ』明治図書

3 ▷ 学校行事における言葉がけ

1 主体性を育む学校行事の指導のポイント

　学校行事は，主体性を育む大きなチャンスです。それは，日々の授業に比べ，より活動的で，子どもたちの判断や創意工夫の余地も大きいからです。
　その反面，指導が難しいとも言えます。陥りがちな行事指導の問題点をあげながら，その要点を説明します。

(1) 行事指導の問題点
　東井義雄（1984）は，『教師の仕事・仕事の心』（明治図書）の中で，運動会指導の問題点をこう指摘しています。

> 　「運動会前になると，あちらの学校でも，こちらの学校でも，運動場に，男の先生，女の先生の，子どもたちを叱りつける声が，毎時間毎時間響きわたる日が続きはじめる。あさましいとは思わないか。みんな，見せ場をよくしようと，われを忘れてしまうのだ。あのように叱りつけられては，ほんとうは，楽しさを表現するはずの踊りも，うらみの表現になってしまいかねない。Mさん。少々見せ場がまずくなってもいい，子どもの気持ちを大事にしようではないか。けいこも，本番も，何とかもう少し楽しいものにしようじゃないか。」

　東井の指摘に，胸が痛んだ方も多いのではないでしょうか。私自身がその１人です。行事は保護者や外部の方に向けて発表するショー的な要素を持つ

ているため，見せ場をよくすることばかりに必死になる，あるいは，一から十まで教師がお膳立てをしてしまう，そういった指導に陥りがちです。しかし，それでは，主体性を育てるどころか，子どもの主体性の芽を摘み取ってしまいかねません。東井はこうも指摘します。

> 「運動会を，ほんとうに教育のための運動会，楽しい運動会にするためには，子どもを「させられる立場」においてはならないということをまず基本的な問題として考えておく必要があるのではないだろうか」

しかしながら，現在の学校には，十分な時間のゆとりはありません。では，限られた時間の中で，私達は，どのように指導に臨めばよいのでしょうか。

(2) 指導の前に
① 年間を通して考える

東井が指摘するように，子どもを「させられる立場」ではなく，「する立場」に立たせることが，行事指導の鍵と言えるでしょう。しかし，自分の意志・判断により，みずから責任を持って行動する態度，つまり主体性を育てることは，一朝一夕には難しいことにも思われます。いつもは教師主導でありながら，行事になると急に「自分事として考えよう」と言われても，子ども達も戸惑うでしょう。では，どうすればよいのでしょうか。

私は，一つ一つの行事を単体で考えるのではなく，年間を通して育てていく。その道程にある，1つのチャンスとして，行事を捉えていくことがよいと考えています。

「玄関に掲げられた東井の言葉」

東井が校長を務めた養父市立八鹿小学校には，「自分は自分を創っていく責任者」という東井の言葉が，今も脈々と受け継がれています。

東井は，全教育活動をあげて，様々な機会に，子ども達に自分事として考えること，行動することを訴え続けていました。そして，東井自身も，校内に落ちているゴミを来る日も来る日も拾い続けたそうです。そういった学校全体が醸し出す風土の中で，「私たちの教室，私たちの学習，私たちの学校，私たちの地域だから」と主体的に考え行動する子ども達が育っていったのではないでしょうか。年間を通して主体性を育てるという意識を持つことが大切ではないでしょうか。

② 明確な願いを持つ

　一年間を通して育てる意識を持つと共に，この行事では，どの課題に取り組もうか，どの子を伸ばそうか，具体的に考えることも欠かせません。「最高学年となったが，自信を持てない学級の子どもたちにこの仕事をきっかけに，自信をつけて欲しい」「良い考えや正しい判断力を持っていながら，それを行動に移そうとしないA君を，この仕事で変えていきたい」と，こういった明確な願いを持つことが，学校行事指導のスタートと言えます。

③ 自分なりの指導の手順を意識する

　試行錯誤の中で，自分なりの指導の手順を意識するようになりました。

　私は，指導を焦るあまり，①イメージの共有や④一部分から任せるという点を疎かにしてしまい，うまくいかないことが多くありました。自分なりの指導の手順を持っておくことは，行きあたりばったりの指導を避け，子どもに対する一貫した指導が可能になります。

---

① ゴールのイメージを具体的に共有する

② ゴールまでに，必要な仕事と締め切りを共有する。

③ 具体的なやり方のモデルを示す。

④ 全体の中の1ピースから，子どもに任せる。

⑤ いっしょに振り返り，評価する。

⑥ 任せる部分を次第に増やす。

---

④ 「停滞」や「失敗」を計画に位置付ける

　矛盾するようですが，限られた時間の中に，「ゆとり」を位置づけることが必要です。子どもたちの主体性を育てるには，子ども達自身に創意工夫や判断をさせる必要があります。「うまくいかない」「失敗」「対立」そういった経験こそが必要です。それを克服し成長していく過程を，見守る「ゆとり」が必要です。私は，同僚から教わった「成功より成長」という言葉が大好きです。子どもの動きが停滞する，対立が起きる，そういった時，焦る自分に「成功より成長」，そう呼びかけています。

2　学校行事をきっかけに変わった　たけし君の場合

　何事にも真面目に取り組むたけし君。ただ，積極的な友達の隣で，友達の意見に合わせる控えめな児童でした。そんなたけし君が，運動会の全校児童で行う競技の企画・運営を担当する実行委員に立候補し選ばれました。

　→　言葉かけのポイント1

　たけし君をはじめとした，選ばれた6人の実行委員で，「この競技に参加した人にどうなってほしいか」「見に来てくれた人にどんな姿を見せたいか」を話し合いました。そして，たけし君は全体の進行役になりました。

　→　言葉かけのポイント2

第1回目の全校練習。緊張気味の6名。準備不足だったり，説明が分かりにくかったりと，1回目の全校練習はスムーズとは言えませんでした。練習後のふり返りで，自分達が，ルールや動きを十分に分かっていなかったことに気づきました。その反省をふまえて，2回目の練習に臨みました。

2回目の全校練習。まだスムーズとは言えませんでしたが，6名のメンバーの動きには，変化がありました。一人ひとりが，自分で考えて動こうとする姿が見られました。

→　言葉かけのポイント3

いよいよ本番当日。練習の成果もあり，スムーズに進みました。しかし，1つのチームが他のチームよりも大きく遅れてしまうことに。そんな時に，たけし君が「最後までがんばれ！みんなで応援しましょう」とアナウンス。台本には無い，臨機応変な対応により，会場が大きな声援と拍手に包まれました。1～6年生までの仲の良さが感じられる素敵な時間になりました。

この仕事をやり遂げたことで，たけし君は，少しずつ変わっていきました。控えめなことに変わりはありませんでしたが，自分が「正しい」「必要」と考えたことを自ら行動に移すようになりました。授業でも自分の考えを，言葉にしようとする姿勢が見られるようになりました。

3　主体性を育てる言葉がけのポイント

たけし君が変わっていった事例をもとに，どのような言葉がけを意識したか説明します。

(1) 言葉がけのポイント1 「背中を押す言葉がけ」

> 「だれにでもできると先生は思っています。立候補する資格はやってみよう！という気持ちだけです。勇気を出して手を挙げた人を，先生は応援しますよ。」

　まず，実行委員を決める段階です。様々な役割を決める時，私はこう言葉がけをします。子どもたちの中には，「やってみたい」けれど，「自分になんかできない」という思いを持っている子が多いようです。背中を押してあげる声かけをします。合わせて，過去に担任した子の話もします。

> 　みんなの先輩にあたるＡさんは，人前に立つのが苦手だったそうです。自分から何かに立候補することはなかったそうです。そんなＡさんが，「小学校最後の運動会だから……」と，この仕事に立候補してくれました。そして，人前で話す自信がついたそうです。その後は，児童会役員も務めるようになりました。
> 　Ａさんは，始めから人前で話すことが得意だったわけではありませんよね。役割や仕事を通して，成長したのです。「成長する力は誰にでもある」と先生は思います。

　「成長する力は誰にでもある」「仕事が人を育てる」。たくさんの子ども達の変わっていく姿を見せてもらい，私はそう感じています。

(2) 言葉がけのポイント2 「ゴールイメージを共有する言葉がけ」

> Ｔ：この競技が終わった後に，参加者からどんな感想が聞きたいですか？
> Ｃ：勝ったチームも負けたチームも笑顔で終わってほしい。

> C：全校生が仲良しなのが良いところだから，そこを見ている人に伝え
> たい。
> C：この競技で，違う学年の人ともっと仲良くなってほしい。

　活動をスタートする時には，ゴールイメージの共有を具体的に行います。そうすることで，後々，判断に迷ったり，活動が停滞したりした時に考える拠り所となります。一人ひとりが，自分で判断して行動する時の指針にもなります。臨機応変なアナウンスをしてくれたたけし君の中にも，仲間と最初に話し合ったゴールのイメージがあったのではないでしょうか。

(3)　言葉がけのポイント3　「ふり返りと評価の言葉がけ」

> そなさんは，コーンの位置のずれに，気づいて動いてくれましたね。
> たけしさんは，それを見て，進行を待ってくれましたね。
> 2人とも，自分で考えて行動したところが，素晴らしいと思いました。

　この時，2回目の練習を終えて，まだまだ子どもたちの運営はスムーズとは言えない状況でした。内心，「もっと教師が手伝った方がよいのでは？」「大丈夫かな？」という焦りもありました。しかし，そういった時こそ，子どもの成長のチャンスと捉え見守りました。ただ，見守るだけではなく，どんな小さな仕事でも，子どもたちがゴールに向かって行動した時，振り返りや評価を行いました。その際には，肯定的な評価が大切です。

> 肯定的な評価　＞　改善するための助言

　しかし，課題が気になるのが教師です。私も，意識をしなければ課題や助言ばかり伝えたくなる自分がいます。そこで，何を見取り認めていくかが大切だと思います。

子どもたちが自分で判断したこと　工夫したこと

　ちょっとした一言，言葉にもならない行動，その中に子どもの主体性を見取りましょう。さらに言えば，判断や工夫が形に表れなかったとしても，判断や工夫をしようとした子どもの心の動きが感じられたら，価値付ける。この視点を持っていれば，目の前の子ども達の状況が上手くいっていなかったとしても，肯定的な評価ができます。認めることができます。この小さな積み重ねが，子どもたちの主体性を育むと私は考えています。

（木上　徹也）

行事指導における主体性を育む言葉がけ
①　背中を押す。
②　ゴールイメージを共有する。
③　子どもが自分で判断したこと・工夫したことに目を付ける。

4 生活指導における言葉がけ

1 生活指導において大切なこと

　みなさんは生活指導と聞いて，どんなことを思い浮かべますか。子ども同士のけんか，落書き，学校のルールを破るなどの問題行動に対する指導を思い浮かべられるのではないでしょうか。子どもたちは，生活体験も少なくまだまだ未熟です。だからこそ，失敗をして当たり前です。みなさんは，失敗をどのように捉えられていますか。

　東井義雄記念館を訪れたとき，次のような言葉が展示されていました。

> 失敗は　私に私の一番いけないところを教えにきてくれた　大切なお使い

　東井のこの言葉にあるように，子どもたちが失敗したことをマイナスに捉えるのではなく，成長するために大切なことと考えています。問題行動をする子どもを，「あの子だから仕方ない」「あの子はずっと悪いことばかりする」と決めつけるのではなく，その子どもの背景も考えながら成長するためのチャンスであると考え，かかわることが大切です。

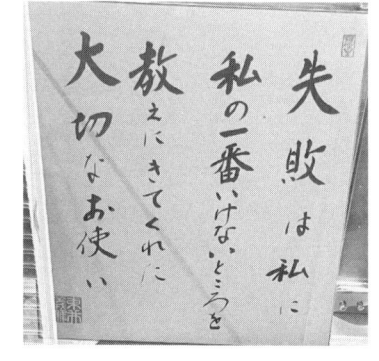

東井義雄記念館展示より

　また，令和4年12月に文部科学省より，学校において生活指導の基盤とな

る生徒指導提要が改定されました。そこには，生徒指導が次のように定義されています。

> 　生徒指導とは，児童生徒が，社会の中で自分らしく生きることができる存在へと，自発的・主体的に成長する過程を支える教育活動のことである。なお，生徒指導上の課題に対応するために，必要に応じて指導や援助を行う。

　生徒指導上の問題に対応することよりも，一人ひとりの子どもたちが自分らしく生きることができ，主体的に成長する教育活動を行う必要性が定義されています。必要に応じてという言葉からも分かるように，まず，子どもたちの行動や思いを受けてから，教師がどうかかわるかを考えることが大切です。

　次に，生徒指導の目的は以下のように書かれています。

> 　生徒指導とは，児童生徒一人一人の個性の発見とよさや可能性の伸長と社会的資質・能力の発達を支えると同時に，自己の幸福追求と社会に受け入れられる自己表現を支えることを目的とする。

　ここからも，一人ひとりの子どもたちを主語とし，よさを伸ばしていくことを重視し，子どもたちとかかわる必要性があることが分かります。「支える」という言葉が使われているところからも，生活指導においても教師は指導者ではなく支援者であることが大切です。その目的を達成するためには，子どもたちが自己指導能力を身につけることが大切です。

> 自己指導能力
> 　児童生徒が，深い自己理解に基づき，「何をしたいのか」，「何をするべきなのか」，主体性に問題や課題を発見し，自己の目標を選択・設定

して，この目標の達成のため，自発的，自律的，かつ，他者の主体性を
尊重しながら，自らの行動を判断し，実行する力。

　生活指導の中で，このような力を身につけていくためにも，教師から一方
向に指導するのではなく，子どもの主体性（気づく，思考する，自己決定す
る）を重視するようなかかわりをしていくことが必要ではないでしょうか。
　そのためには，まず子どもの行動を受け止めることが大切です。教師が子
どものよい行動を見取り，ほめ，価値付けることにより望ましい姿を共有し
ていくこと，子どもたちに質問を通して自分自身を振り返らせ，自己決定さ
せていくことを通して，子どもを成長させていきます。その根底には，教師
が子どもを子どもと見てかかわるのではなく，1人の人としてかかわること
が重要です。

　この項目では，大きく分けて3種類の生活指導について考えていきます。

---

① 子どものよいところを見取り，価値付ける言葉がけ
② 子どもに思考させる，自己決定させる言葉がけ
③ 受けを大切にした言葉がけ

2　生活指導の在り方

(1)　子どものよいところを見取り，価値付ける言葉がけ

　多くの学校では，給食を取りに行くときに廊下に並びます。並ぶのが速い
子がいる中，子ども同士で話をするなどして，なかなか並べない子どももい
ます。そんなときに，「はやくしなさい。みんな待っているよ。」と言葉がけ
をしてしまいます。子どもは，叱られたので急いで廊下に並ぶようになりま
す。子どもは，叱られるから並ぶという行動をします。「叱られるから〇〇

する」という行動には，子どもの主体性など全くありません。給食当番のときは速く並ぶけど，その他の場面（教室移動のときなど）では，前と行動が変わらないことが多いです。そんなときに，次のような言葉がけをします。

> みんなのことを考えて早く並び，待つ人になってえらいな。

　できていない子どもを叱るのではなく，できている子どもを褒めます。あえて教室全体に聞こえるような声で言いました。そうすると，まだ並べていない子どもたちが慌てて着替え，廊下に並びました。その言葉を聞き，気づいて行動し並んだ子どももほめました。大人もそうですが，子どももほめられるのが好きです。その後，学級全体でみんなの大切な時間のために行動したこと，待たせる人ではなく待つ人になっていこうと話をしました。子どものよいところを見取り，ほめることで，子どもたちに望ましい姿を気づかせます。

　このように，子どものよい行動を見取り，ほめ，価値付け，望ましい姿を共有していくことで，生活のルール等を浸透させていきます。

(2)　子どもに思考させる，自己決定させるやりとり

　学校生活を送っていると，様々な問題が起こります。そういった問題が起こったときに，「○○してはいけません」と指導することが多いです。もちろん，ダメなことをダメと教えることも大切ですが，今回は，トイレで鬼ごっこをして遊んだ子どもとの生活指導の場面から考えていきたいです。

> 先生に呼ばれたのはなぜだと思う。

　このように質問をすると，子どもは自分の行動を振り返ります。「先生に呼ばれる＝叱られる」という考えを持っている子どもも多いのではないでしょうか。そうならないためにも問題行動をしたときだけでなく，いい行動を

したときにも子どもの所に行き，このような言葉がけをします。今回の子どもは，自分自身のことを振り返り，トイレで遊んでいたことと話しました。

> そうだね。そうやって自分のことを分かっているのがいい。あなたは成長する人です。でも，トイレで遊ぶのはいけないこと。なぜ，そんなことをしたのかな。

　人を否定するのではなく，行為を叱ることが大事です。その根底には，子どもを人として，信じるという教師の芯が必要です。質問を投げかけることで，自分のことを振り返らせます。また，自分の行動に責任を持たせるために，自分の言葉で話をさせます。質問に対して，「トイレに行きたい人の迷惑になる」「トイレは遊ぶために使う目的ではないから」と話しました。子どもたちはしてはいけないことは分かっているんです。

> それが分かっているのにできないのはなぜ。どうすればそれをやめられるかな。

　質問に対して，「みんなでトイレに行って，楽しい気分になり，それが止められなかったからです。次からは，1人でトイレに行きます。」と話しました。その場の空気，関係性，経験・想像力のなさ等で，分かっていてもついついやってしまうのです。子どもが自分で考えたことを信じ，最後に期待も込めて次のように言葉がけをしました。

> これからのＡさんに期待しているよ。

　その1つの行動をやめさせることよりも，自分に目を向けられるように，対話を繰り返しながら子どもに考えさせ，自己決定させていきます。このようなプロセスでかかわることで，子どもは成長していくと考えます。また，

子どもが自分で話す言葉には，責任を感じるようになります。

　質問をすると自分の言葉で伝えられない子どももいます。答えが出ずに悩む姿，一生懸命考えている姿も美しいと考えながら，話すことを焦ることなく，待つことも大事です。

(3)　受けを大切にした言葉がけ

　子どもは，先生にいろいろな相談をしにきてくれます。今回は，２つのエピソードについてお伝えさせていただきます。

事例１　友だちとのトラブルによる相談

　友だちとささいなことからトラブルになった６年生のＢさんが，トラブル後にわたしのところに来て，「Ｃさんとトラブルになった。めっちゃ腹立つわ。どうすればいいと思う。」と相談しにきました。このようなときに，こうしたらいいなどのアドバイスをいきなりしてしまうことがあります。そうすると，子どもたちのもっと聞いて欲しいという思いをくみ取ることなく，少しの情報だけのアドバイスになり，子どもの中に浸透しないことが多いです。これを繰り返していると先生に相談しにこなくなります。わたしは，次のように言葉がけしました。

> そんな腹立ったんや。もう少し教えて。何があったの。

　そうすると，いろいろと話をしてくれました。このように言葉がけすることによって，子どもはもっといろんな言えていない気持ちを吐露できます。吐露すると気持ちに余地が生まれ，アドバイスも子どもに入りやすくなります。また，アドバイスをする方も，よく話を聞いてからの情報量が増えることで，より的確なアドバイスができ，子どもと教師の信頼関係も深くなっていきます。Ａさんの思いを聞いた後，「少し時間が経ってから，自分の思いを伝えてみたら。きっと分かってくれるよ。」と言葉がけをしました。Ａさ

んは，わたしの言葉を聞いた後，笑顔で「ありがとうございました。」と言い，去っていきました。

事例2　今の自分を変えたいという相談
　2学期に入り授業に集中できなかったり，えらそうな言葉を使ったり，落ち着かない様子で過ごしているDさん。その様子を見て，何があったのかを考えながらも，叱ることが多くなりました。そんなBさんが日記に以下のようなことを書いてきてくれました。

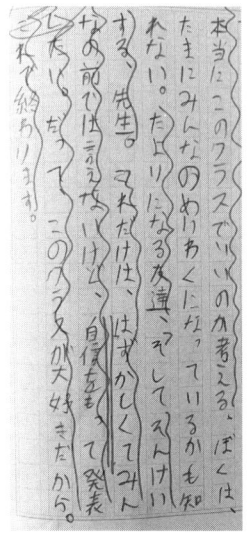

> 　本当にこのクラスでいいのか。ぼくは，たまにこのクラスのめいわくになっているかもしれない。これだけは，はずかしくて言えないけど，自信をもって発表したい。

このDさんの日記を見たとき，行動だけを見て，Dさんの内面に気づくことができず，叱ることが多くなってしまっていたことを反省しました。相談してくれたことに感謝の気持ちを持ち，以下のように言葉を返しました。

> 　自分の心の中を教えてくれてありがとう。先生がいつも見えてなかったなかったBさんの心の中が見えて，先生は自分のことがはずかしくなりました。そういう思いを見取ることができず，行動だけでしかってしまい，まだまだなので，もっとしっかりしないといけないと思いました。
> （中略）
> 　一時間目の休み時間，みんなのために，そして，自分を変えないとと思い，くばりものをしていましたね。「気づく→行動」ができるBさんは，本当にすばらしい人です。今の自分ができることをし続けることで，

自信がつき，Ｂさんは自信をもって発表ができます。一緒にがんばりま
しょう。

　Ｄさんの今の思いを受け，認め，子どもを１人の人として教師が向き合い，
教師も自己開示しながら，言葉を返しました。子どもはみんなよくなりたい
と思っています。そう信じて日々子どもとかかわっています。
　今回は，２つの相談の事例を挙げさせていただきました。相談方法として，
話すだけでなく書くこともあることを子どもたちに伝えています。相談方法
やどんな言葉をかけるかよりも，前提として相談される人になれるように，
日々子どもたちとかかわり，関係性を築き上げることを大切にしています。

（髙井　伸輔）

① 受けを大切にして，子どもとかかわろう。
② 子どものよさを見取り，ほめることで，価値やあるべき姿を共有す
　る。
③ 子どもに思考させる。自己決定させることを意識する。

【参考文献】
・文部科学省（2023）『生徒指導提要（令和４年12月）』東洋館出版社，pp.12-13

5 気になる子へのサポートと言葉がけ

◆ はじめに

　みなさんにとって，気になる子とはどんな子どもでしょうか。例えば，授業中ずっとしゃべりっぱなしの子，何をするにも時間がかかる子，こだわりの強い子…でしょうか。このような子どもたちへの，教師が提供する特別支援的なアプローチが，今多くの学校で検討されていることと思います。そして，現場では実際に，個別の支援が必要な場面があります。特別支援的なアプローチが大切な場面もあります。

　しかし，そのアプローチの前に，今一度皆さんと確認しておきたいことがあります。それは，気になる子も含めた目の前にいる子どもたちは，これから先，教師や大人の手を離れ，長い人生を生き抜いていくのだということです。私たち教師は，そのような子どもたちが，幸せに生きていけるように人格の形成を目指して教育に携わる必要があるということです。

　子どもたちにとって，子どもたちの未来にとって，今できるよりよいこととは何なのか。本当に個別の特別支援的なアプローチだけでいいのか。困ったとき，失敗したとき，友だちに助けてもらったり，逆に誰かの役に立ったり。いろいろな人とかかわり，時には壁にもぶち当たりながら人として大切なことを学んだり。そういう経験も必要なのではないでしょうか。

　本項では，具体的な子どもたちの姿を示しながら，わたしが教室でどのようにかかわり，言葉がけをしているのかを紹介させていただきます。

1　サポートと言葉がけの前に

東井義雄（2007）の言葉に，このような言葉があります。

> 「この子さえいてくれなければ…」
> と考えたこともある子どもを
> 「この子がいてくれたおかげで…」
> と位置づけたときから教育は始まる。

　気になる子と思うのか，この子がいてくれたおかげでと思うのか。あらゆる教育実践の前に，まずはここが大切だなと思わせてくださるお言葉です。「この子さえいなかったら，学級はうまくいっているのに」と思うのではなく，「この子がいてくれたおかげで，大切なことに気づけた」と思えているでしょうか。目の前の子どもたちの実態から，学ぼうと思えているでしょうか。常に自分に問い続けたいです。

　そして「この子がいてくれたおかげで…」と思って，子どもたち一人ひとりと向き合うこと。だからこそこみ上げてくる，心の底からの言葉をかけ続けること。わたしはこれこそが，気になる子へのサポートと言葉がけだと思っています。つまり，「こういうタイプの気になる子には，こういうサポートや言葉がけをすればうまくいく」というような小手先の工夫ではないということです。どれだけ不格好になっても，「この子のよさを輝かせてやりたい」と思ってかけるその言葉やかかわり一つ一つが大切だということです。

　その積み重ねが，子どもたち一人ひとりの心にじわじわと沁み込み，その子の本物のよさや力を引き出すことにつながっていきます。どの子にも気になる部分はもちろんあるけれど，どの子もが元々持っていたよさを発揮できるようになるのではないでしょうか。

2　気になる子も含めて，一人ひとりが成長できる場に

> 気になる子へのサポートと言葉かけとは，
> 「この子がいてくれたおかげで…」という思いを持って，
> 子どもたち一人ひとりと向き合うこと。
> だからこそこみ上げてくる，心の底からの言葉をかけ続けることだ。

と，先ほど述べました。それを実現するために，わたしが日々意識していることが次の2つです。

> ①　一人ひとりちがっていいという土台をつくる
> ②　友だちを見る目を育てる

(1)　一人ひとりちがっていいという土台をつくる

　どの子も，この世界にたった一人しかいない尊い存在です。ですから，そもそも，一人ひとりちがって当たり前なのです。

　でも，この「そもそも」が，子どもたちの中で全く逆になっている場合がほとんどです。つまり子どもたちは，「みんなとちがっていたら間違いだ」「～でないといけない」と思ってしまっているのです。「～できない」「みんなとちがう」，そういったことをだめなことだと思っている子がほとんどのように思います。

　だからまずは，「一人ひとりちがっていいこと」「ちがう方が楽しくて学びになること」をたくさん体験させ，一人ひとりちがっていいという土台を，どの子の中にもつくっていくことを意識しています。

⑵　友だちを見る目を育てる

　そういった中で，もう１つ意識したいことが，友だちへの固定化した見方をひっくり返すことです。子どもたちは，お互い知らず知らずのうちに，「かしこい子」「運動が得意な子」「勉強ができない子」「発表が苦手な子」などと，どこかで友だちへの見方を決めつけてしまっているのではないでしょうか。それを，「この子にもこんないいところがあったんだ」「この子もこんなにがんばっていたんだ」「この子だって悩むんだな」というふうな見方へと，ひっくり返していくのです。

　そうすると，子どもたち同士のお互いへの見方が変わっていきます。固定化した見方ではなく，いろいろな視点から友だちのことを見るようになります。できるとかできないとかではなく，その子の内側を見るようになります。そういう温かい関係性の中でこそ，気になる子も含めて，どの子もが人として成長していけるものだと思っています。

　そのためにも，私は普段，授業でもそれ以外の学校にいる時間でも，「何かドラマはないかな」と，子どもたちのことをよくよく見ています。気になる子の場合であれば，気になる現象の裏側まで見るようにしています。そして，見つけたらその場で，子どもたちの心に沁み込むように，伝えることを意識しています。

【例】
　「○○さんは，いつもゆっくりで，時間がかかるかもしれません。でもそれだけていねいに取り組んでいる証拠です。
　一生懸命，さぼらず，ごまかさず，やっているからですよね。
　そういう人は，これまでため込んだ力で後からぐんと伸びていけます。
　スピードもじわじわと速くなっていくのです。
　そういう日が楽しみですね。」

---

3 気になる子への実際の言葉がけとサポート

　では，ここからは，日々の教室での子どもたちとの実際のエピソードを紹介します。

みんなのきもちとおれのきもちがひとつになった

　３年生を担任させていただいた時のＵさんとのエピソードです。

　この学年は全員で11名しかおらず，ずっと単学級で過ごしてきている学年でした。そのため，11人の絆はとても温かく，お互いに助け合い励まし合い成長し合う，すてきな子どもさんたちでした。

　そのなかに，Ｕさんという男の子がいました。Ｕさんは，恥ずかしがりやですがユーモアに溢れた可愛らしい子でした。しかし，生活習慣が身に付いておらず，歯を磨けない，お菓子ばかりで食事はあまり取らないため給食もほとんど食べない，上靴が履けない，などの側面がありました。また，集団や公の場でのふるまいが苦手で，全校朝会の時に体育館に入ってくることができない，みんなの前で声を出したり発表したりすることが苦手という側面もありました。そんなＵさんに対して，学級のみんなはとっても優しく，いろいろとお世話をしてくれていました。

　そんな彼に私がしたことは，歯を磨いてやることでも，体育館の外で一緒に座って待ってやることでも，横について発表のサポートをしてやることでもありません。私がしたことは，やっぱりＵさんのことをよく見て，すてきなところをみんなに広げることでした。

　おどけた声でもあいさつをしてくれた時には，こう言葉をかけます。

　Ｕさんのすてきなところは，こうやってみんなを笑わせて明るくしてくれるところですよね。恥ずかしがりやな一面もあるけど，笑顔にしたいっていう気持ちがあるからできることですね。

道徳の授業で，問いに対してみんなと違う立場を選んだ時には

「Uさんがいてくれたから，この立場の人の考えや気持ちが分かってとても勉強になりましたね。」

と言いました。
　話せなくても，ジェスチャーで友だちのことをほめることができた時には，

「言葉でなくても，行動したらちゃんと相手に気持ちは伝わるのですね。そういうことに気づかせてもらいました。」

と本気で言いました。
　どんな時でも，がんばった彼を見逃がさず，

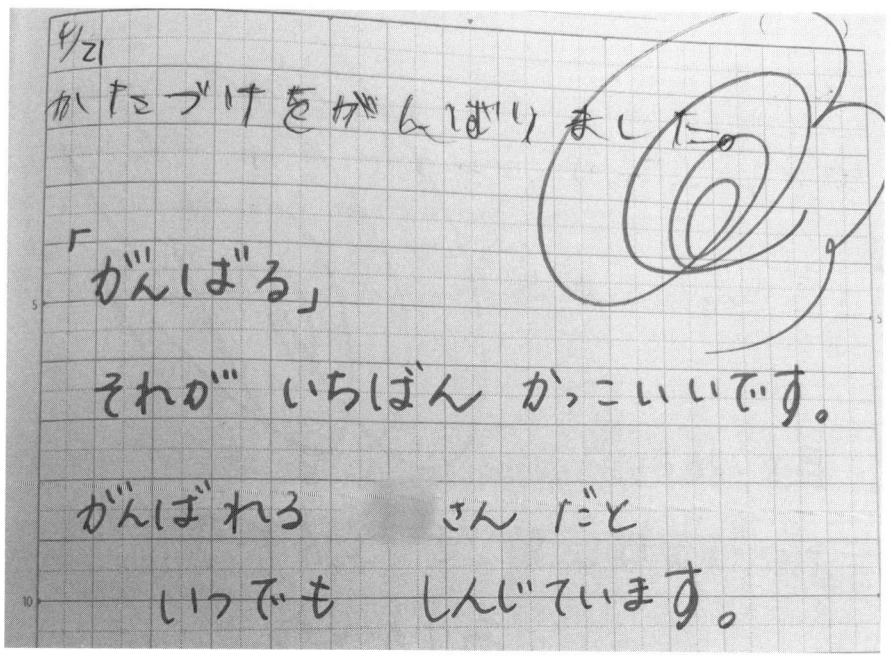

と言葉をかけ続けました。決して彼を下に見たりせず，彼の姿から学ぶこと
を忘れず，「この子がいてくれたおかげで…」という心で，言葉をかけ続け
ました。

　すると，3年生が終わるころ，彼は上靴も履き，歯磨きもし，給食もよく
食べ，給食当番にも掃除にも意欲的に取り組むようになりました。学習発表
会，運動会，参観日，堂々と観客の前に立ち，一生懸命できることをやり切
りました。すごい成長です。

　しかし，私のかかわりだけでは，彼はここまで成長できていなかったと言
い切れます。彼が成長できたのは，紛れもなく，

　　学級の友だちのおかげです。

　最初の頃の，みんながUさんのお世話をするような姿はいつの間にかなく
なっていました。その代わりに，学級のみんながUさんのすてきなところや
がんばりを見つけて，Uさん本人に伝えるようになりました。

　「Uさんは恥ずかしがり屋だけど，本当はとても優しい人です。」

　「Uさんは，めっちゃ考えています。」

　Uさんのことを下に見てお世話をするのではなく，Uさんから学ぶように
なったのです。ここで私はよく，子どもたちにこう話しました。

　　「ではなぜ，Uさんが成長できたのでしょうか。
　　それはこの教室が温かいからです。
　　そしてみんなで成長しようという空気がこの教室全体にあるからです。
　　ここにいるみんなのおかげです。」

　成長しているのはUさんだけではありません。お互いに成長させ合ってい
るのです。だから，Uさんへのわたしや周りの児童からのかかわりは，何も
特別なことではなく，どの子にも同じようにそのかかわりが行われていたの

です。

　実はＵさんは，心のどこかで学級のみんなへの不信感を持っていました。
そんな話を１学期の終わりごろに，ぼそっとしてくれたことがあります。

　「みんなはおれの気持ちを分かってくれていない」と。

　そんなＵさんが12月の終わりごろ，

　「学級の一人ひとりに，手紙を書いたから渡したい」

ということを言ってきてくれました。その日の昼休みは，Ｕさんからのサプ
ライズタイムになりました。そしてその手紙には，

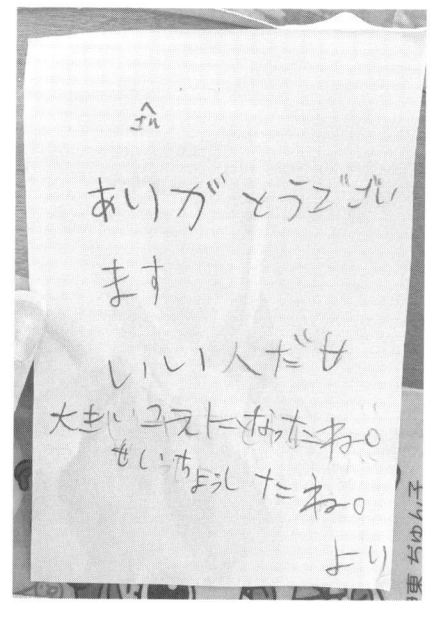
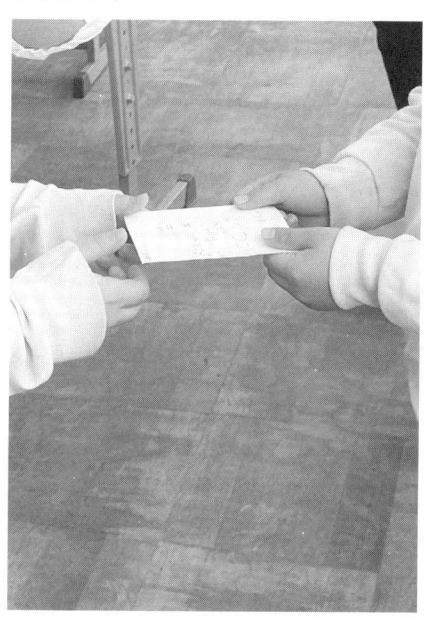

　一人ひとりのいいところや成長したところが，「ありがとうございます」
という言葉と共に，書かれていました。Ｕさんの息づかいさえ伝わってくる，
力強くも温かい，心のこもった字で書いてありました。

　また，Ｕさんは，「自分はなぜ変われたのか」というテーマで書いた作文
にこのような言葉を残しています。

　お互いに，かかわり合って，分かり合って，「人は人の中で人になる」。子

どもたちは，いつもいつも，本当に大切なことを教えてくれます。

　2度目になりますが，教師の特別支援的なかかわりも，もちろん必要です。実際にUさんは，たくさんの先生方に様々なサポートをしていただきました。でも，教室という場所は，子どもたち同士がとことんかかわり合って，時には辛い経験もして，だからこそおたがいを大切にし合って，そういう中でみんなで成長し合える場所にしていかないといけないのではないでしょうか。

　子どもたちはどの子もそういったことを，心のどこかで願っているのではないでしょうか。

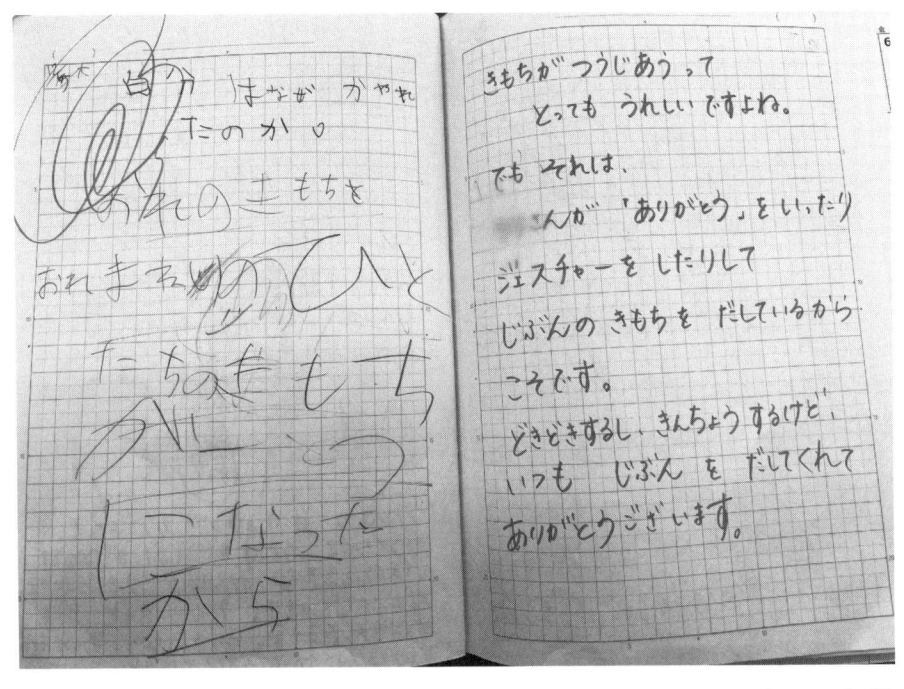

（岡　　実咲）

① サポートと言葉がけの前に、「この子がいてくれたおかげで」という思いを大切にしよう。

② 不格好になってもいいから、「この子がいてくれたおかげで」と思って、本気でかかわり、本気の言葉をかけよう。

・一人ひとりちがっていいという土台をつくろう。

・友達を見る目を育てよう。

【参考文献】

・東井義雄・米田啓祐・西村徹（2007）『東井義雄一日一言　いのちの言葉』致知出版社，p.49

6 視点を変えた言葉がけ

1 東井義雄と臼田弘蔵のエピソード

　東井義雄は人との出会いを大切にしていました。その中でも臼田弘蔵との出会いは、東井にとって特に意義深かったようです。東井（1986）[1]は、当時の学校長である臼田とのエピソードを記しています。ここでは、その中から2つを紹介します。

(1) ひっくり返したバケツ

　あるとき、2階教室の6年生の子どもたちが、荒々しい音を立てて廊下を走っていました。その際、掃除のバケツにつまずいて、バケツをひっくり返し、廊下を一気に水浸しにしてしまいました。

　子どもと共に掃除をしていた東井は、

　「こらーっ！」

　と、ガラス窓がビリビリと振動するほどの大声でどなりました。怒鳴りつけたあと、職員室に入った東井は、臼田に次のような言葉をかけられました。

> 「東井先生よ、子どもがバケツの水をひっくり返したら、あんな大きな声出さんならんものかな？子どもの、これからの長い人生が滅茶苦茶にでもなってしまいでもするんだろうかな？」

1　東井義雄（1986）『子どもを見る目・活かす知恵』明治図書, pp.19-21

東井は，あんなに大きな声を出すほどの大事件ではなかったことに気づき，恥ずかしく，頭が上がらなくなってしまったと述べています。

(2) かぼちゃの顔

ある日，村の方が学校にどなりこんできました。理由は，畑で育てているかぼちゃに子どもたちが目を描いたり鼻を描いたり，いたずらをしていたからです。東井は，「そういういたずらをする子はあの子くらいしかない」と見当をつけ，本人に尋ねました。予想は的中していたので，その子を職員室に呼びつけ懇々と説教したそうです。

その様子を見ていた臼田は，子どもが職員室を出てから東井に次のような言葉をかけました。

> 「東井先生，子どもは，かぼちゃが生きとること，知っとったんやな。かぼちゃに目を描く，鼻を描く。かぼちゃが大きくなるにつれて，かぼちゃが目をむいたり，鼻をむいたりする。子どもは，かぼちゃが生きとること，知っとんやな」

さらに，次のように続きます。

> 「東井先生，来年は，運動場のまわりの土手に，いっぱいかぼちゃをつくろう。そして，存分に，目を描いたり鼻を描いたりさせてやろうや。そのかわり，よそのかぼちゃには絶対するでないぞと言いつけてな…」

臼田の感激した様子を見て，東井は深く感動し，「こちらが感動した」と述べました。

2 視点を変えて気づかせる

　このような臼田とのやりとりは，当時，自分の立身出世を願い，ひたすら厳しい人生を歩もうとしていた東井自身の教師としてのあり方を柔和にしてくれたのかもしれません。そもそも子どもとはどういうものなのか，子どもの行動の根底にあるものは何なのか，そこまでを考えた臼田の言葉だからこそ東井は考えさせられたのでしょう。

　また，東井のような感受性もなければこの言葉かけは成り立ちません。おそらく臼田は，東井だからこそそのような言葉を投げかけたのでしょう。相手の状況や文脈を見取り，相手への期待と敬意をこめた言葉がけだと考えられます。臼田が東井にかけた言葉は，決して相手を指導する言葉ではなく，相手に気づかせる言葉だと感じます。そういう見方，そういう視点もあるのかと気づかせてくれます。

　「ひっくり返したバケツ」のように，子どもの見方が固まってしまえば，子どもにかける言葉も固まってしまいます。

　私自身，自分の一方的な見方や決めつけから失敗する経験が過去にありました。例えば，自分の中でのイメージの固定化による決めつけです。当時，日常の行動が必ずしも望ましいと思えない子がいました。何か問題があったときに「またこの子が関係しているだろうな」と考えるようになっていました。「また，○○か」という感じです。ある日のプールでの出来事。まだ入っていいという合図がないのに「ドボン」の音が。「こら，○○か！」と，私はつい叫びました。しかし，○○さんは私のすぐ近くにいました。「なんでいつもぼくばっかり！」と言ってその場を出て行きました。その子はきっと私が「また○○か」と感じていることを敏感に察知していたのでしょう。本当に申し訳なく思い，何度も謝りました。その子のことを一面的にしか見ていなかったことを深く反省しました。子どもを多面的に豊かに見られる眼を持ち，ゆとりを持ってかかわる必要性を感じました。

3 エピソードからの考察

(1) 「指導」と「理解」のバランス

　これらのエピソードは,「指導」と「理解」のバランスの大切さを教えてくれます。臼田の洞察力により,東井は子どもたちの行動の背後にある意図や感情を理解する重要性を学びました。「ひっくり返したバケツ」からは,子どもたちの行動をただ叱るのではなく,その背景を理解し,適切な指導を行う必要性を学びます。また,「かぼちゃの顔」からは,子どもの創造性を認め,それを肯定的に導く方法を学びました。臼田の言葉は,東井にとって単なる指摘ではなく,教育者としての成長の一歩でした。臼田の教育方針は,子どもたちが自己の行動に対して責任を持つ基盤を築くのに貢献しました。

(2) 自分自身を問い直すこと

　東井と臼田のエピソードは,教育者と子どもたちとの間の信頼関係の構築,および子どもたちが自分たちの行動の結果を理解し,社会的に責任ある人間に成長するための支援の重要性を強調しています。東井はこれらの経験から学んだ教えを自らの教育者としてのあり方に反映させ,臼田の教育に対する深い理解と実践は,東井にとって子どもたちと向き合う際の重要な指針となりました。最終的に東井は,教育とは知識の伝授だけでなく,子どもたちが自ら学び,考え,成長するための環境を整えることにあると理解しました。臼田との経験は,東井にとって教育者としての人生を見つめ直すきっかけとなり,指導方法の変革に深い影響を与えました。

(3) 環境の整備と子どもたちの主体性

　臼田の教えは,子どもたちに適切な環境を整備することで,子どもたちが主体的に行動できるようになるという観点にも焦点を当てていました。教室だけでなく,学校全体の環境が子どもたちの学びや行動に大きな影響を与え

ると認識し，それぞれが安心して創造性を発揮できる場を提供することの大切さを強調しています。具体的なアプローチとしては，運動場の周りの土手にかぼちゃを植えることで自由な表現の場を作るなど，創造的な活動を通じて責任感や共感力を育む取り組みが挙げられます。このような環境づくりは，子どもたちが社会のルールや他者との共存を学び，自律的な思考を育む基盤となります。教育者が子どもの行為だけでなく環境にも目を向けることで，子どもたち一人ひとりの内面に眠る可能性を引き出し，子どもたちが自己の力で挑戦し，成長する機会を提供することができます。

4 育成の心と生活の土台

臼田は，『圡生が丘』[2]第1号の冒頭で，次のように述べています。

> 人間一生の仕事はものを育てるということであり，自分もそれによって育つことであると思います。その大仕事をなしとげるのに，最も大事なものは「育ての心」を互いに持つことであります。[3]

「育ての心」は，相手を育てるばかりではなく，自分自身も育っていくことになり，お互いに育て合い，育ち合う心が大切だという互恵的な関係を重視していました。

また，東井は同誌で次のように述べます。

2　当時の兵庫県出石郡相橋村立相田小学校の学校だよりのこと。東井は，この『圡生が丘』の編集責任者だった。

3　臼田弘蔵，「御挨拶とお願い」，『圡生が丘』第一号，出石郡相田小学校，昭和29年（1954年）7月，（白もくれんの会・但東町教育委員会編，『東井義男の原点：「圡生が丘」復刻版』，2001, p. 11.）

> 教育における「土」は「生活」だと私は思います。ふくよかな豊かな
> 「生活」，それを耕さないでは勉強は育つものではありません。

　東井は，教育を農業に例え，まずは土を作ることが大切だと主張します[4]。土を丁寧に耕せば，作物自ら育つということです。「子どもを育てる土」を用意し，それを育てる上で最も影響が大きいものが「教師の心構え」だと東井は考えました。

　人間の一生において，我々が成し遂げるべき大きな仕事は，物事や他者を育て，その過程で自身も成長していくことにあります。この育成という貴重な使命を果たすためには，「育ての心」を持つことが何よりも重要です。相手を思いやる心，共に成長し合う心が，この大きな仕事を成し遂げるための基石となります。

　教育の場においても，この「育ての心」は中核的な価値です。教育とは，単に知識を伝える行為以上のものであり，その基盤となるのは豊かな「生活」そのものです。学びという植物が根を張り，芽を出し，茂っていくための「土」，つまり日々の生活を大切に耕してこそ，真の学びが育まれます。教育者としての私たちの役割は，その「土」を耕すことにあり，それには子どもたちの生活を理解し，支えるという行為が不可欠です。そして豊かな作物を育てる水の如く，その文脈に応じた言葉を子どもにかけていくことが重要です。

　臼田の「育ての心」と東井先生の教育における「土」の喩えは，互いに補完し合いながら，教育者にとっての深い洞察を与えます。子どもたち一人ひとりの心に寄り添い，その成長を支える温かな環境を整えることで，教育はその真の目的を果たします。教育者自身もまた，この過程で成長を遂げ，教育の仕事を通じて自己実現を図ることができます。

4　東井義雄（1957）『村を育てる学力』明治図書，pp. 189-190.

東井と臼田のエピソードは，教師の言葉がけの力とその重要性を浮き彫りにし，教育者への深い敬意と子どもたちの可能性を信じる心を強調しています。これは，教育が単に知識を伝える以上のものであり，個人の人格形成を支援するという教育の本質を示しています。教師の適切な言葉がけは，子どもたちの内面に響き，子どもの潜在能力を引き出す重要な要素です。この理念を継承し，私たちは次世代を育て，彼らの成長と発展を支える責任を持っています。

（宗實　直樹）

① 子どもたちに対する柔軟な視点と，彼らの行動の背後にある意図や感情を読み取るようにする。

② 子どもたちの学びと成長を促進するために，豊かな「生活」の土壌を耕し，「育ての心」を持つようにする。

③ 子どもの生活を耕し，その文脈に沿った言葉がけをする。

【参考文献】
・東井義雄（1986）『子どもを見る目・活かす知恵』明治図書
・白もくれんの会・但東町教育委員会編（2001）『東井義雄教育の原点：「土生が丘」復刻版』白もくれんの会
・東井義雄（1959）「臼田校長のこと―私の胸をうった教師―」『総合教育技術』小学館
・東井義雄（1957）『村を育てる学力』明治図書

【編著者紹介】

宗實　直樹（むねざね　なおき）

関西学院初等教諭。1977年兵庫県姫路市夢前町に生まれる。大学では芸術系美術分野を専攻し，美学と絵画（油彩）を中心に学ぶ。卒業論文は「ファッションの人間学」。大学卒業後，兵庫県姫路市の公立小学校，瀬戸内海に浮かぶ島の小学校を経て，2015年より現任校へ。研究主任を務める。2023年兵庫教育大学大学院学校教育研究科修了。修士（教育学）。修士論文は「ESD（Education for Sustainable Development）を意識した図画工作科〈ものつくり〉の教育——廃材・余剰材の教材活用を巡って——」。著書に『宗實直樹の社会科授業デザイン』（東洋館出版社），『社会科「個別最適な学び」授業デザイン』『社会科の「つまずき」指導術』（明治図書）など多数。『社会科教育』（明治図書）では，「個別最適な学び」に関する連載を担当している。様々な場所でフィールドワークを重ね，人との出会いを通じて独自の教材開発を進めている。社会科教育，美術科教育，特別活動を軸に，「豊かさ」のある授業づくり，たくましくしなやかな子どもの育成を目指して，反省的実践を繰り返す。ブログ「社会のタネ」（https://yohhoi.hatenablog.com/）において，社会科理論や実践を中心に日々発信中。

【執筆者紹介】（執筆順）

木上　徹也　兵庫県豊岡市立日高小学校

久後　龍馬　兵庫県神河町立神崎小学校

岡　　実咲　兵庫県神河町立神崎小学校

髙井　伸輔　兵庫県市川町立鶴居小学校

岡　　佑樹　兵庫県福崎町立福崎小学校

子どもの主体性を育む言葉がけの作法

2024年4月初版第1刷刊　©編著者　宗　　實　　直　　樹

発行者　藤　　原　　光　　政

発行所　明治図書出版株式会社

http://www.meijitosho.co.jp

（企画）及川　誠（校正）安田皓哉

〒114-0023　東京都北区滝野川7-46-1

振替00160-5-151318　電話03(5907)6703

ご注文窓口　電話03(5907)6668

＊検印省略　　　　　組版所　中　央　美　版

本書の無断コピーは，著作権・出版権にふれます。ご注意ください。

Printed in Japan　　　　　ISBN978-4-18-338929-9

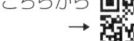

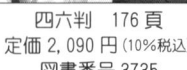
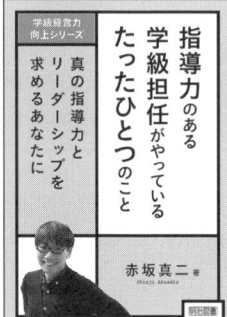

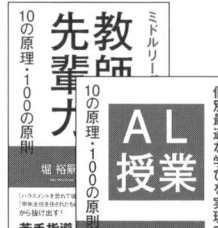

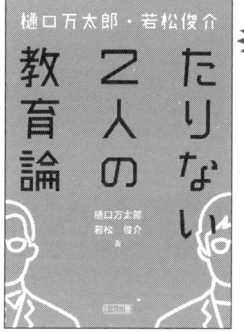

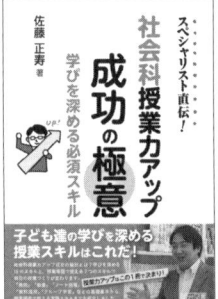
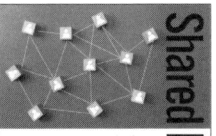